Otto Brandt

Der deutsche Bauernkrieg

Otto Brandt

Der deutsche Bauernkrieg

ISBN/EAN: 9783955643706

Auflage: 1

Erscheinungsjahr: 2013

Erscheinungsort: Bremen, Deutschland

@ EHV-History in Access Verlag GmbH, Fahrenheitstr. 1, 28359 Bremen. Alle Rechte beim Verlag und bei den jeweiligen Lizenzgebern.

Der deutsche Bauernkrieg

Dargestellt von Otto H. Brandt

Verlegt bei Eugen Diederichs in Jena 1929

Erstes bis zehntes Tausend
Mit 11 Abbildungen im Text und 3 Tafeln

Inhalt

Der Bauer am Ende des Mittelalters	5
Das Vorspiel	13
Zwischen Bodensee und Lech	26
Zwischen Main und Tauber	48
Der Aufstand in Thüringen	66
Der Sieg der Herren	81
Ausklang	89
Literatur	92

Handlung / Artickel / vnnd Instruction / so fürgenomen worden sein vonn allen Rottenn vnnd hauffen der Pauren / so sich zesamen verpflicht haben: M:D:xxv:

Titelholzschnitt zur Bundesordnung der Bauern
Druck von Melchior Ramminger in Augsburg 1525

Der Bauer am Ende des Mittelalters

Wer durch die Gebiete am Main und Rhein fährt und noch weiter südlich durch Schwaben bis ins Allgäu oder an den Bodensee kommt, der trifft allüberall auf Bergeshöhen, von grünem, sprossendem Laub umwuchert, die Trümmer alter Burgen. Fragt er danach, wann sie ihr Ende fanden, so erklingt immer die gleiche Antwort. Entweder sanken sie dahin, als die Bauern sich gegen ihre Herren erhoben, oder am Rhein auch, als die Soldtruppen Ludwigs XIV. an die Hänge des Schwarzwaldes vordrangen.

Jahrhunderte sind seitdem vergangen, und die Erinnerung zaubert ihren Schein um das Geschehene, erzählt, gestaltet aus und weiter und vermischt so Sein und Schein, Wahrheit und Dichtung. Gerade dem Bauernkrieg hat man absonderliche Zuneigung entgegengebracht, hat verdammt oder verherrlicht. Politische, soziale und konfessionelle Voreingenommenheit hat das Bild gefärbt, und selbst das Schlagwort hat vor ihm nicht haltgemacht. Die Verklärung begann schon mit Goethes „Götz von Berlichingen"; aber so wenig historisch getreu auch die einzelnen Szenen sind, so wird wenigstens das Wollen der Bauern klar und deutlich herausgehoben, wenn ihr Führer Metzler sagt: „Warum sind wir da? Um uns an unseren Feinden zu rächen, uns emporzuhelfen!"

Um das, um überhaupt dies „größte Naturereignis des deutschen Staates" zu begreifen, wie Ranke den Bauernkrieg genannt hat, müssen wir uns in die Lage der Bauern versenken.

Ihnen ging es gut, solange Land im Überfluß vorhanden war, und das war bis zum hohen Mittelalter der Fall. Wir lernen den deutschen Bauern am besten aus einem Epos des dreizehnten Jahrhunderts kennen. „Meier Helmbrecht", von Wernher dem Gärtner geschrieben, spiegelt die Zustände der Entstehungszeit, zeigt den wohlhabenden, selbst bewußten Bauern. Im alten Meier verkörpert sich der tüchtige, im jungen Helmbrecht der üppige Bauernstand, aber auch dem verkommenen Adel, der im Plündern und Trinken seinen Haupterwerb sieht, werden alte höfische Sitte, Redlichkeit und harmlose Fröhlichkeit vor Augen gehalten. Trotz der Mahnung des Vaters will der junge Helmbrecht über seinen Stand hinaus, möchte ein Ritter werden, aber kann es doch nur zum Raubritter bringen. Die Mutter hat ihn verhätschelt, hat ihm eine kunstvoll bestickte Haube geschenkt, er selbst trägt sein Haar nach Herrenart. Da er sich für Bauernarbeit zu gut hält, geht er in den Dienst eines herabgekommenen Ritters, und als er nach Jahresfrist in die Heimat zurückkommt, tritt er protzig auf, wirft mit fremden Brocken um sich, um sich ein vornehmes Ansehen zu geben. Zu Hause ist seines Bleibens nicht lange; aber von seinen Prahlereien geblendet, wird die Schwester betört, ihm zu folgen und einen seiner Spießgesellen zu heiraten. Bei der Hochzeitsfeier werden sie überrascht und gefangen. Neun werden gehängt, Helmbrecht die Augen ausgestochen, die rechte Hand und ein Fuß abgehauen. Als er verstümmelt zu seinem Vater kommt, jagt ihn dieser höhnend fort. Mühsam schleppt er sich weiter, bis ihn die einst von ihm gequälten Bauern fangen und an einem Baum aufknüpfen.

Diese Zustände änderten sich, als um 1300 der Ausbau des Mutterlandes beendet war, die städtische Bevölkerung sich gefestigt hatte und im nächsten Jahrhundert auch die Besiedlung des Ostens ins Stocken kam. War bis dahin die alte Hufe der bäuerliche Durchschnittsbesitz gewesen, so wurde sie seitdem geteilt, ja geviertelt, um die überschüssige Bevölkerung mit Land zu versorgen. Das bedeutete Armut, denn die Intensität des Anbaus war nicht im gleichen Maße gewachsen. Natürlich traten diese Verschiebungen nicht in allen Teilen Deutschlands gleichmäßig oder gleichzeitig auf; während in einzelnen Gegenden schon auf das wachsende Elend hingewiesen wird, spricht man an anderen Stellen noch von dem Reichtum des Bauern, der gut lebte, feine Kleidung trug. Wenn wir auch den Humanisten, die zu einem großen Teile dem Volke entfremdet waren, nicht jedes Wort glauben dürfen, ein Körnlein Wahrheit muß an der Schilderung Wimpfelings doch sein: „Durch Reichtum sind die Bauern in unserer Gegend und in manchen Teilen Deutschlands üppig und übermütig geworden. Ich kenne Bauern, die bei der Hochzeit von Söhnen oder Töchtern oder bei Kindtaufen soviel Aufwand machen, daß man dafür ein Haus und ein Ackergütchen nebst einem kleinen Weinberg kaufen könnte. Sie sind in ihrem Reichtum oft wahrhaft verschwenderisch in Nahrung und Kleidung und trinken kostbare Weine." Auch in Franken muß man im Reichtum gelebt haben, denn der Pfeifer von Niklashausen eiferte gegen den Luxus an seidenen Gewändern, spitzen Schuhen und kostbarem Halsgeschmeide.

Nur an wenigen Stellen Deutschlands gab es noch freie Bauern. Seit den Tagen Karls des Großen war aus Freien und Unfreien der Stand der Grundholden entstanden, denen es solange gut ging, als sie selbständig wirtschafteten, als der Ritter nicht auf der Burg saß, sondern im Dienst des Kaisers reichen Lohn fand. Mit dem Untergang der Staufer tat auch der Ritterstand einen tiefen Sturz, und sein Einkommen stand mit seinen Ansprüchen nicht mehr im Einklang. Auf schmalem Besitz hausend, drückte er auf die Bauern, und so setzte mit dem wirtschaftlichen Verfall zugleich ein solcher auf rechtlichem Gebiete ein. Die Obereigentümer beschränkten die Teilung auf eine Viertelung der Hufe, weil sie sonst an Abgaben einbüßten, und aus den Bauernsöhnen, denen kein Land mehr zur Verfügung stand, erwuchs ein ländliches Proletariat. Aber selbst dem wirtschaftlichen Bauern erging es nach 1400 häufig schlecht, weil der Wert der landwirtschaftlichen Erzeugnisse beständig sank. Der Bauer begriff es nicht, denn er hielt an der veralteten Bildung fest und gelangte nicht dazu, seine Persönlichkeit frei zu entfalten. Er blieb im urzeitlichen Tiefstand geistig gebundenen Wesens, während ringsum alle übrigen Stände neue Ziele sich steckten. In dieser geistigen Verkommenheit, in dem Zurückbleiben einer ganzen Volksschicht bei dem klaffenden Bruch zwischen Mittelalter und Neuzeit liegt wohl der tiefste Grund für die agrarischen Bewegungen seit der Mitte des fünfzehnten Jahrhunderts.

Von allen Ständen verachtet, wurde der Bauer nirgends in seiner Bedeutung gewürdigt. In Schwänken und Fastnachtsspielen erscheint er als alberner Tölpel oder dummdreister Gesell. Sein unbeholfenes Benehmen, seine rauhen, oft rohen Sitten waren die Zielscheibe des Spottes. Das Wort Bauer schlechthin bezeichnete etwas Verächtliches. Sebastian Brant in seinem „Narrenschiff" wirft ihnen vor, daß sie Einfalt, Ehrlichkeit und Bescheidenheit verloren hätten. Die bildende Kunst macht sie lächerlich, und ein beliebtes Motiv ist der üppig zechende Bauer, der das Übermaß des Genusses nicht bei sich behalten kann. Er speit, und ein Hund leckt es auf. Bis zu welcher Höhe die bauernfeindliche Gesinnung gediehen war, macht ein Buch des Züricher Chorherrn Hemmerlein deutlich, der es für gut hält, wenn alle fünfzig Jahre Haus und Hof der Bauern zerstört würden, damit die „üppigen Zweige ihres Hochmuts beschnitten" würden. Nicht wie ein Mensch, sondern „wie ein scheußliches, halb lächerliches, halb furchtbares Gespenst tritt der Bauer den Adligen entgegen. Ein Mensch mit bergartig gekrümmtem und gebuckeltem Rücken, mit schmutzigem, verzogenem Antlitz, tölpisch dreinschauend wie ein Esel, die Stirn von

Runzeln durchfurcht, mit struppigem Bart, graubuschigem, verfilztem Haar, Triefaugen unter den borstigen Brauen, mit einem mächtigen Kropf; sein unförmiger, rauher, grindiger, dicht behaarter Leib ruht auf ungefügen Gliedern. Die spärliche und unreinliche Kleidung läßt seine mißfarbige und tierisch zottige Brust unbedeckt."

Fast alle Bauernaufstände seit dem fünfzehnten Jahrhundert hatten im wesentlichen die gleichen Voraussetzungen. Überall machte sich der Druck bestimmter Abgaben bemerkbar. Damit sind nicht in erster Linie die Abgaben und Fronen gemeint, die der Grundherr auf Grund seines Besitzrechtes beanspruchte, denn gegen sie, die in Registern oder Urbaren festgelegt waren, konnte der Bauer vor Gericht ankämpfen. In allererster Linie wurde die Lage des Bauernstandes durch die Umbildung des Staates erschwert. Aus dem mittelalterlichen Lehenstaat erwuchs der neue Territorialstaat, und es ist gewiß kein Zufall, daß die bäuerlichen Erhebungen fast ausschließlich auf dem alten Kulturboden sich abspielten, wo einzelne, kleine und kleinste Stände sich ihre Selbständigkeit wahrten und infolge der steigenden Ansprüche neue Anforderungen ständig an ihre „Untertanen" stellten. Der „gemeine Mann", wie der Bauer vielfach genannt wird, er mochte wollen oder nicht, wurde in diese Kämpfe mit hineingezogen, und so kamen zu den alten Lasten, die aus der Grundhörigkeit stammten, seit 1450 steigende öffentliche Lasten, die der Landesherr aufbürdete. Vollfreie Bauern waren, von kleinen Bezirken abgesehen, in Oberdeutschland nicht vorhanden, sondern überall war der Bauer in der verschiedenartigsten Weise gebunden.

Die zahlreichen Beschwerden, die dann zu Beginn des Jahres 1525 beim Schwäbischen Bund eingereicht wurden, zeigen, wie sich die Lage in der letzten Zeit verschlechtert hatte. Wenn auch die erhaltenen Forderungen der Bauern örtliches Gepräge tragen, so wiederholen sie sich doch in vielen Punkten. Die ernste soziale und wirtschaftliche Belastung erkennen wir aus den Beschwerden der Bauern von Bußmannshausen, die sie gegen ihren Herrn Hans von Roth beim Schwäbischen Bund einbrachten. Die Bauern bestreiten, daß sie alle leibeigen seien; sie empfinden es daher als unbillig, daß bei jeder Hochzeit der Bauer, der einen Sohn oder eine Tochter außerhalb der Gemeinde verheiraten will, so hoch besteuert wird, daß er sich das „von Gott zugedachte Glück und Heil" versagen muß. Tatsächlich muß der Ritter in seiner Antwort auf diesen Beschwerdepunkt zugeben, daß er nur zehn Leibeigene habe, die andern also willkürlich sozial gedrückt hat. Die Bauern selbst sind sozial nicht gleichgestellt. Sie sind entweder erbliche Zinsbauern oder zeitliche Pächter. Die Besitzer von Erbgütern haben beim Verkauf oder beim Tode des Inhabers eine bestimmte Ab=

gabe, den sogenannten Todfall, an den Herrn zu zahlen. „Früher haben sie fünf Schilling gesteuert, beim Verkehr wie beim Sterben, bei solchem Herkommen läßt der Herr uns nicht bleiben aus eigenmächtiger Willkür, ... sondern schlägt darauf einen halben Gulden auf und ab, etlichen einen ganzen Gulden auch auf und ab, und auf solche Weise steigert er uns unsere Erbgüter, darob die ganze Gemeinde arg beschwert ist." Noch übler sind die Lehngutbauern dran, die das Gut auf eine bestimmte Anzahl von Jahren oder auf Lebenszeit pachtweise innehaben und als Pächter es nicht an ihre Kinder übertragen können. Sobald der Inhaber gestorben ist, werden die Hinterbliebenen vertrieben und der Hof vom Herrn an sich gezogen; und wenn er ihn neu ausgibt, macht er ihn kleiner, ohne die Abgaben und Fronen zu mildern.

Wald, Weide und Wiese, die früher im Gemeinbesitz waren, werden „gebannt", d. h. der Gemeinde wird darin jede Nutzung untersagt. Wenn der Herr Holz im Walde geschlagen hat, dürfen die Kühe der Bauern nicht mehr hinein. Weiterhin verweigert er der Gemeinde das Bau- und Brennholz, sondern gibt es höchstens gegen hohe Bezahlung ab. Die Abgaben mißt er mit einem „scharfen Maß", indem er es füllt und umdreht, so daß Körner zu Boden fallen; darauf füllt er es wieder und streicht das gefüllte Maß ab. Alle Körner, die auf den Boden fallen, gehören dem Herrn.

Unerträglich sind die Fronen geworden: „Er hält uns dazu an mit seinen Geboten, daß wir ihm alles tun müssen, was er zu schaffen hat — Kleines und Großes, es sei in Städten oder Märkten, soweit es sein mag, bis zu sieben Meilen Wegs weit, gleichgültig, was der Untertan zu tun hat — es sei auf Wiesen oder auf Äckern —, gleichgültig, ob ihm seine Sache inzwischen zugrunde geht —, so müssen wir ihm dienen! Und daß man höre, daß er uns unnütz überlastet: wir müssen ihm das Holz hinauftragen bis in die Küche und auch dazu den Abort räumen. Und es ist auch in seinem Brauch, daß er über zweiundzwanzig Viertel Lein sät, einmal weniger, einmal mehr. Das muß ihm der Untertan alles verarbeiten und fertigmachen bis in den Sack, und mit derartigem ist die Gemeinde stark beschwert." Dieselbe Klage über die unmäßige Ausdehnung der Fronen findet sich in zahlreichen anderen Beschwerdeartikeln; bezeichnend ist das, was die Stühlinger Bauern darüber sagen: „Item darüber hinaus, so werden wir durch unsere Herrschaft und ihre Amtleut mit mancherlei unleidlichen Frondiensten beschwert und dadurch verhindert, da wir in einer rauhen Landesart gelegen, unsere Güter zu bebauen. Wir wissen nicht, wie unsere Weiber und Kinder zu ernähren, können auch bisweilen unsern Herrschaften, was wir ihnen sonst zu tun schuldig sind, nicht leisten.

Und zwar sind dies die unleidlichen Frondienste: Item, wir müssen einen Tag Hafer, den andern Hanf binden, bewerfen, dann wieder ackern und säen, item brachen, felgen, Ödland ackern, säen und eggen, schneiden und in die Scheuer fahren, und so gedroschen wird, aus der Scheuer in das Schloß fahren, item die Matten mähen, heuen und ihnen das Heu in die Scheuern fahren, item hagen, jagen, die Wildseile führen, und, so das Wildbret gefangen wird, in das Schloß schaffen. Auch müssen wir zuzeiten das Wildbret aus dem Schloß nach Thann (im Oberelsaß) schaffen, nach Engen oder andere Orte, wohin zu schaffen es unseren gnädigen Herren beliebt. Wir müssen auch den Wein von Rielasingen (im Hegau), desgleichen auch von Künsheim aus dem Elsaß und wo seine Gnaden den kauft, gen Stühlingen mit unserem eigenen Futter fahren. Auch müssen wir das Schloß nicht allein mit Brennholz, sondern auch mit Bauholz versehen und versorgen, item die Äcker roden und säubern, item den Mist auf die Äcker fahren und ausbreiten. Item so wir säen wollen, und es am ungünstigsten ist, davon abzustehen, so müssen wir Wurzeln graben, Morcheln pflücken, Wacholder abschlagen, Berberitzen brechen, damit unsere gnädigen Herren Schlehenkompott machen können. Item, wir müssen auch, selbst oder unsere Weiber und Dienstvolk, den Hanf ausrupfen, rätzen und bis zur Kunkel bereiten lassen. Dazu müssen wir auch die Bäche und Wasser helfen ableiten und fischen und (was uns am beschwerlichsten und schädlichsten ist) das Wasser in und auf unsere Güter lenken, die uns dadurch zu Schaden kommen und verderben. Item wir müssen Korn von Schleitheim nach Schaffhausen fahren und Hafer aus dem Schloß Schaffhausen und von Engen nach Stühlingen, desgleichen Korn und Hafer von Bondorf nach Stühlingen und Schaffhausen fahren. Item, dem Burgvogt müssen wir den Stallacker mähen und öhmden, den Burggarten mähen und heuen, und das dreimal im Jahr. Item, wir müssen auch dem Burgvogt sein Vieh zu Bondorf hinein frei umhergehen lassen und hüten. Und wiewohl wir vormals, daß wir der Feldbestellung frei wären, Futterhafer, Rauhhafer, Zelghafer, Kälbergeld, Vogtheu, auch Pflugkorn gegeben haben, nichtsdestoweniger werden wir gezwungen, die Äcker zu bebauen und zu ackern. Auch müssen wir die Jagdhunde aufziehen, solange das den Amtleuten gefällt, was uns nicht allein beschwerlich mit der Atzung, sondern auch unsern jungen Hühnern und anderm Geflügel schadet, das wir nicht großbringen können, sondern das von den Hunden Schaden nimmt. Item, wir haben von alters her auf unsern Gütern, die wir bisher schwer haben verzinsen und versteuern müssen, Reifstangen und Stecken, davon man Schienen für die Körbe oder Korbgerten machen kann, abgehauen, wodurch der arme Mann je zuzeiten seine Nahrung hat bessern können. Das wird uns jetzt durch die Herrschaft genommen und verboten."

Auch als Gerichtsherr ist der Ritter Hans von Roth gegen seine Bauern willkürlich vorgegangen, und so verlangen sie: „Weiter soll er künftig keinen Untertan anders strafen als auf Grund eines gerichtlichen Verfahrens, und das ist bisher nicht geschehen." Der Junker antwortet auf jeden Beschwerdeartikel und sucht jede Schuld von sich abzuwälzen. Indessen gerade bei diesem Punkte klagt er sich an, indem er sich entschuldigt: „Denn sollte ich ihn darum erst als Angeklagten vor Gericht stellen, so würden die Richter von sich aus nichts entscheiden, sondern sagen: Hast du ihm Gebot getan, so strafe ihn. Ich hoffe auch, daß ich bei solchem Brauch billig gehandelt habe und nicht davon gedrungen werde."

Aus diesen Stellen ergibt sich das eigenartige Verhältnis des Bauern zu seinem Herrn. Nirgends wird man eine einheitliche Norm feststellen können, sondern überall sind die Bauern verschiedenartig gebunden und verpflichtet. Doch gehen, wie man überzeugend nachgewiesen hat, alle diese Fronen, Abgaben, Zinsen und Renten auf eine dreifache Bindung zurück.

Der Bauer ist einmal gebunden an seinen Grundherrn, der für ihn einst politische Verpflichtungen übernahm oder der ihm Grundbesitz auf seinem Eigen übertrug. Dafür waren Abgaben zu zahlen, deren Höhe nach der rechtlichen Eigenschaft des Besitzers, nach der Größe des Besitzes abgestuft war und die entweder in bestimmten Zeitabschnitten oder beim Besitzwechsel zu zahlen waren. Die Hauptsache war jedenfalls bei diesen Abgaben nicht der Wert der Abgabe, sondern ihr Vorhandensein überhaupt. Weil durch sie die Rechte des Grundherrn anerkannt wurden, bezeichnet man sie als Anerkennungszinse.

Neben dem Grundherrn war der Bauer auch an den Gerichtsherrn gebunden, der oft der gleiche war. Das Verhältnis zu diesem ist das des Untertanen zur Obrigkeit, und die Abgaben und Fronen sind öffentlich-rechtlicher Art. Sie entspringen aus der Pflicht des Herrn, für Frieden und Ordnung zu sorgen, aus der Pflicht des Untertanen, den Unterhalt der Obrigkeit zu sichern.

Und schließlich ist der Bauer noch an den Leibherrn gebunden. An die alte Unfreiheit erinnert im sechzehnten Jahrhundert die Abgabe eines Zinses in Geld oder in Natura, oft im Werte eines Huhns. Hie und da hat sich der Herr dazu das Recht der Heiratserlaubnis vorbehalten, da bei Ehen zwischen Leibeigenen die Kinder der Mutter folgten. Beim Tode des Leibeigenen stand ihm der beste Teil der Hinterlassenschaft zu, das sogenannte Besthaupt oder Todfall. Es gründet sich auf die alte Rechtsanschauung, daß an sich der Leibeigene nichts für sich, sondern nur für seinen Herrn erwarb. Sonst hatte der Leibeigene keinerlei Beziehungen zu seinem Leibherrn, und so ist es erklärlich, daß sich diese Abhängigkeit, deren ursprünglicher Sinn verlorengegangen war, gegen Ende des Mittelalters noch ausdehnte.

Im allgemeinen sind Grund-, Gerichts- und Leibherrschaft nicht in den Händen einer einzigen Person vereinigt, und daher durchkreuzen sich ihre Gerechtsame vielfach.

Neben der weltlichen Macht forderte schließlich auch die Kirche ihr Recht und beanspruchte nach alttestamentarischer Vorschrift den zehnten Teil aller Bodenerzeugnisse. Dieser Zehnte war für den Bauern eine wirkliche Belastung, der er sich gern zu entziehen strebte, um so mehr, als die Kirche ihre Einnahmen zu steigern suchte. Unstimmigkeiten ergaben sich seit dem Augenblick, wo das Zehntrecht auf Laien übergegangen war und die Kirche neben dem Zehnten noch andere Leistungen forderte. Man unterschied dreierlei Zehnten, den sogenannten großen oder Kornzehnten, d. h. die zehnte Garbe von allem, was Halm und Stengel treibt, wozu auch der Wein gerechnet wurde. Dazu kam später der kleine oder Krautzehnte vom Gemüse, vom Obst und von Wurzelfrüchten, und zuletzt beanspruchte die Kirche auch den Zehnten von allen nutzbaren Tieren als sogenannten Blutzehnten.

Lange Zeit übten die Bauern in ihrer Gemeinde eine gewisse Selbstverwaltung aus. Vom Dorfgericht wurde Recht nach uralten Satzungen gesprochen. Das wurde anders, als das römische Recht eindrang. Es schuf tiefe Gegensätze, erregte das Volk, und schon die Zeitgenossen bezeichneten es als eine Ursache des Bauernkrieges. Man war erbittert über die Gegensätze altgermanisch-christlicher Rechtsanschauung und der fremden römischen, die keinen Begriff von Wert und Würde f r e i e r Arbeit hatte. Alle Arbeiter im alten Rom waren Sklaven. Das waren die Grundholden nicht, die ihrem Herrn gegenüber nach altem Herkommen einen gewissen Rechtsanspruch hatten. Schultheiß und Schöffen, die bisher im Dorfgericht Recht gesprochen hatten, kannten die uralten Satzungen und Bräuche, die in den „Weistümern" niedergelegt waren, während davon der gelehrte Richter keine Ahnung hatte. Die Landesherren begünstigten das römische Recht, das ihrem Bestreben entgegenkam, alle Stände als Untertanen gleich zu behandeln, und außerdem bestätigte der römische Herrschaftsbegriff zweifelhafte Rechte. So ging die Allmende, d. h. der Gemeinbesitz des Dorfes an Wiese, Wald und Weide, in das Eigentum des Herrn über, der nun seinerseits unter strengen Strafen jede Nutzung verbot. So verschlechterte sich die Lage des Bauern, die fortschreitende Güterzersplitterung drückte den Wert des Gutes herab, der Bauer selbst wurde immer mehr dem städtischen Kapital verschuldet. Ein beliebtes Motiv zeigt den armen Bauern mit einem Sack über der Schulter, die Mütze bescheiden in der Hand vor dem reichen Kaufherrn, der übermütig hinter dem Zahltisch sitzt. Diese Stimmung der Verzweiflung, die viele Schichten des deutschen Volkes ergriff, machte sich zum erstenmal in einer Flugschrift bemerkbar, der „Reformation des Kaisers Sigismund", die 1476 gedruckt und rasch verbreitet wurde. Nicht mit Unrecht hat man sie die „Trompete des Bauernkriegs" genannt. Aus ihr spricht der allgemeine Unwille gegen die bestehende gesellschaftliche und staatliche Ordnung, deren Umsturz verlangt wird, zu dessen tätiger Mithilfe auch der „arme Mann" aufgefordert wird.

Immer weitere Kreise wurden von unerklärlicher Angst ergriffen, geheimnisvolle Erscheinungen, schreckliche Voraussagungen fanden gläubige Zuhörer, der Aberglaube nahm zu. Die Massen glaubten an einen Eingriff des Himmels zugunsten des Bauern, an das Gottesgericht gegen den Antichrist. Überall sah das arme Volk schreckhafte Zeichen: Um die Sonne bildeten sich drei Kreise, in denen eine Fackel flammte, oder zwei Kreise um den Mond mit einem Kreuz in der Mitte. Am Rhein wollte man in der Luft großes Getümmel und Waffengeklirr gehört haben, als ob eine Schlacht geschlagen würde. Krähen und Dohlen stritten in den Lüften, Mißgeburten, Erdstöße verkündeten schlimme Zeiten. All das war nur eine Wirkung der allgemeinen Stimmung, daß die bestehende Ordnung bis in ihr innerstes Gefüge erschüttert war, daß der Boden, auf dem sie aufgebaut war, wankte.

Das Vorspiel

Natürlich wird es immer möglich sein, dies düstere Bild in helleren Farben strahlen zu lassen, und die katholische Geschichtschreibung hat keine Mühe gescheut, zu zeigen, daß die Dinge viel harmloser lagen als wie sie gemeinhin gesehen werden. Aber es blieb nur eine Ausnahme, wenn an einzelnen Orten die Fröner „roten Wein, Rindfleisch und Roggenbrot" erhalten sollten. Wenn wirklich Lebenshaltung und Lebensführung der Bauern so zufriedenstellend gewesen wären, dann bestünde für die zahlreichen bäuerlichen Erhebungen, die sich durch das ganze fünfzehnte Jahrhundert hindurchziehen, kaum ein genügender Grund. Kaum ein Volk ist von Natur mehr daran gewöhnt, Ruhe und Ordnung zu halten, als das deutsche. Der Druck der Verhältnisse muß schon arg sein, daß es aus seiner Ruhe herausgeht. All diese Erhebungen beziehen sich zudem nicht nur auf das Land, sondern fast regelmäßig wirken in ihnen Stadt und Land zusammen. Die Bauern gingen darauf aus, die niederen Schichten der Stadtbevölkerung für ihre Interessen zu gewinnen, für die sie fast immer

Sympathien fanden. Der Nürnberger Chronist Meisterlin gibt von dieser sozialen Gärung der Städte eine überzeugende Schilderung. Der Kampf der Geschlechter und Zünfte war zwar ausgekämpft, aber der zunehmende Reichtum schuf neue Gegensätze. Der Rat suchte die städtischen Ämter sich und seinem Anhang zu sichern, und der verschärfte Steuerdruck brachte ständig Zwist und Hader. Seit der Mitte des fünfzehnten Jahrhunderts erfolgten in kurzen Zwischenräumen in allen Teilen Deutschlands Erhebungen der Gemeinde gegen den Rat (am frühesten in Aachen 1477), die um die Jahrhundertwende überraschend zunahmen. So gab es 1513 Unruhen in Aachen, Düren, Köln, Neuß, Andernach, Worms, Ulm und Schweinfurt. Das alles deutet darauf hin, daß die kleinen Leute in Stadt und Land von dem **einen** Gedanken durchdrungen waren, daß es so nicht weitergehen könne, daß es anders werden **müsse**. Gern ward diesen Bewegungen religiöse Weihe gegeben, wobei nicht immer an Beziehung zum Hussitentum gedacht werden muß. Dieser Vorgang bleibt keineswegs auf Deutschland allein beschränkt, sondern gilt auch für England und Frankreich. Gerade in England war bei den religiösen Wanderpredigern das Lied beliebt: „Als Adam grub und Eva spann, wer war da der Edelmann?"

Je mehr wir die Quellen kennenlernen, je mehr wir neue Versuche aufdecken, überall spricht aus ihnen derselbe Geist: Fischwasser, Wald, Wildbret und Weide wieder allgemein zu machen, Zinsen und Renten zu sperren, den Geistlichen Wein und Geld abzunehmen, alle Obrigkeit und Ehrbarkeit außer dem Kaiser und Papst zu verachten. Und aus den Akten ergibt sich immer wieder von neuem die Furcht der Obrigkeiten vor kommenden Erhebungen. Aber aus den Äußerungen des armen Mannes ist nicht zugleich auch der Wille herauszulesen, so zu handeln, und oft vielleicht hat die Obrigkeit Worte nur aufgebauscht. Indem jedoch diese Gedanken formuliert wurden, war dem armen Mann ein Drohmittel in die Hand gegeben, mit dem er ohnmächtigen Gewalten gegenüber Forderungen durchdrückte. Die Erregung wuchs um so mehr, als eine Reichsreform nicht zustande kam.

Zusammenfassend läßt sich sagen, daß die bäuerlichen Unruhen seit dem fünfzehnten Jahrhundert dieselbe Mannigfaltigkeit der Beweggründe spiegeln wie der große Bauernkrieg selbst. Die einen entstanden und verschwanden mit bestimmten örtlichen Beschwerden, andere wieder verfolgten allgemeinere Ziele, und wieder andere zeigten jene Mischung sozialer und religiöser Elemente. Als die älteste Bauernerhebung gilt die von 1391 gegen die Juden in Gotha, die nur mit Mühe abgewehrt werden konnte. 1431/32 folgte der Aufstand verschuldeter Bauern von Worms, der sogar von einzelnen pfälzischen Adligen unterstützt wurde. Um dieselbe Zeit hatten sich auch die Bauern, besonders in Schwaben und im Allgäu, daran gewöhnt, Beschwerden gegen ihre Herren dadurch besonderen Nachdruck zu verleihen, daß sie zusammentraten und sich bewaffneten, wozu sie wohl das Vorbild der Schweizer bewog. Alle diese Versuche entsprangen nicht allgemeinen Grundsätzen; sondern bestimmte Forderungen, namentlich der ständig wachsende Druck der Grundherren, veranlaßten sie. Vom Adel hatten die Bauern gelernt, sich in Bündnissen zusammenzuschließen, Haufen zu bilden; kurz, ihr Standesbewußtsein erwachte. Wenn auch diese Aufstände besonders zahlreich im Südwesten Deutschlands waren, weil dort der Grund und Boden am stärksten zersplittert und die Schwäche der Reichsgewalt am offenkundigsten war, so blieben sie keineswegs darauf beschränkt, auch andere Teile des Reichs wurden davon ergriffen. 1462 erhoben sich die Pinzgauer wegen der ungerechten Steuern des Erzbischofs von Salzburg. Da dieser nicht imstande war, sie niederzuschlagen, mußte der Herzog von Bayern eingreifen. 1478 wandten sich Kärntner Bauern gegen Kaiser Friedrich und schlossen einen großen Bund in Villach. Auch im Elsaß hatten sich die Bauern 1468 erhoben, nur vermögen wir ihre Bewegung aus den Quellen nicht klar zu erkennen. Sie verpflichteten sich dort zum erstenmal durch einen feierlichen Schwur, „aller Welt Feind zu sein", der damit gewissermaßen die Rolle des Schlagwortes spielt.

Sturmzeichen des nahenden Bauernkrieges ist die Bewegung des sogenannten Paukers von Niklashausen vom Jahre 1476, in der sich rein wirtschaftliche Forderungen mit kirchlichen Reformbestrebungen verknüpfen. Davon berichtet die Chronik des Pfarrers Georg Widmann eingehend: „Anno Domini 1476 hat sich im Dorf Niklashausen am Tauberfluß ein Hirt und Paukenschläger erhoben und heftig wider die Obrigkeit, Klerisei, auch spitze Schuh, ausgeschnittene Koller und lange Haare gepredigt, auch daß Wasser, Wald, Holz sollten gemein sein, daß kein Zoll und kein Geleitgeld gegeben werde, und daß Deutschland in großer Sünd und Übermut wäre. Wenn sie nicht Buße täten und davon abständen, würde Gott in kurzem Deutschland untergehen lassen. Solches hätte die Mutter Gottes in einer Samstagnacht, als er das Vieh auf dem Felde gehütet, in großem Lichtglanz erscheinend, ihm geoffenbart und zu predigen befohlen. Also entstand gen Niklashausen in der Kirche Unserer Lieben Frauen ein großer Zulauf, und ganz Deutschland kam in Bewegung. Da liefen die Roßhirten von ihren Pferden, die Zäume in Händen tragend, die Schnitter mit ihren Sicheln vom Schnitt, die Heuerinnen mit ihren Rechen von den Wiesen, die Weiber von ihren Ehemännern, die Männer von ihren Weibern usw. Der Wein war das Jahr zuvor wohl geraten, gut und wohlfeil. Da wurden wegen der Menge des Volkes auch zwei Meilen um Niklashausen im Feld und auf der Straße Tabernen aufgeschlagen, wo man Wein schänkte, den Wallfahrern zu essen und zu trinken gab, also daß die Wallfahrer vom Franken- und Tauberwein gar bezecht wurden, zu Nacht Frau und Mann beieinander auf dem Feld und in den Scheuern nächtigten und nicht alles richtig zuging. Des Volkes Zulauf war so groß, daß der Paukenschläger in einem Bauernhaus den Kopf zum Dach hinaussteckte, damit das Volk ihn sehen und predigen hören könnte. Man sagte, es stünde hinter ihm ein Barfüßermönch; der gäbe ihm ein, was er predigen solle. Wenn dann die Predigt aus war, hub das Volk an, seine Sünde zu beweinen — es war aber mehr das trunkene Elend. Da begann man dann, die Haare und die Spitzen von den Schuhen abzuschneiden, daß, wie man sagte, die Haare und Schuhspitzen auf viele Wagen nicht hätten geladen werden können, nicht zu reden von den gestickten Brusttüchern, Kleidern, Kollern und anderen Geschmeiden von Frauen und Männern, deren viele ihre Kleider — nackend bis aufs Hemd — auszogen, in die Kirche warfen und davonzogen. So sie dann eine Meile von Niklashausen gekommen waren und das Getöse und der Wein ihnen aus dem Kopfe kam, wünschten sie, daß sie ihre Kleider wieder hätten. Es fiel unsäglich viel Geld, Wachs und Wachskerzen.

Dieser Pauker hatte eine Kappe mit Zotten, solche Zotten riß ihm das Volk von der Kappe ab und hielt sie für besonders heilkräftig. Wo Frauen in Kindsnöten solche Zotten bei sich hätten, würde es ihnen nicht mißlingen. Item, wo dieser Paukenschläger ging, küßte der, welcher seine Hand oder Stecken anrührte, solche Hand oder Stecken als ein heilkräftig Ding. Dieser Pauker predigte so lang wider die Pfaffen, daß die Wallfahrer neben ihren anderen Kreuzliedern öffentlich sangen:

> Wir wollens Gott vom Himmel klagen,
>   Kyrie eleison,
> Daß wir die Pfaffen nit zu Tod sollen schlagen
>   Kyrie eleison.

An einem Samstag nun verkündete dieser Pauker dem Volke, daß alle, die Unsere Frau ehren und ihr beistehen wollten, an dem nächsten Samstag zu ihm gen Niklashausen kämen und ihre Waffen mitbrächten. Er wolle ihnen dann sagen, was Unsere Frau wolle, und das sollten sie tun. Da solches Bischof Rudolf zu Würzburg vernommen, wo man hinauswollte und wie die aufrührischen Bauern mit ihrem Evangelium gesinnt waren, wollte er diesen Samstag nicht abwarten, bestimmte etliche Reiter, zu Niklashausen diesen Paukenschläger mit seinen vornehmsten Ratgebern vor diesem Samstag zu

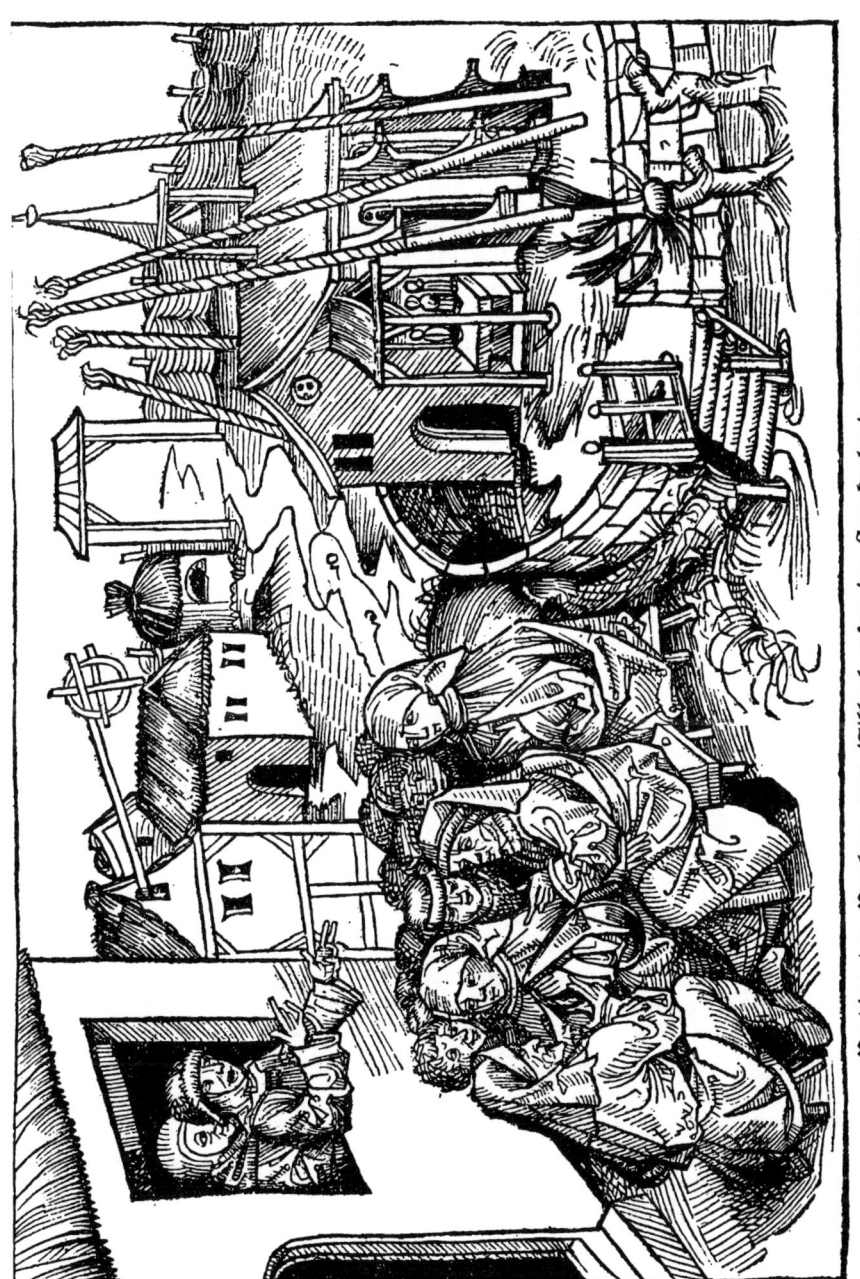

Predigt des Paukers von Niklashausen im Frankenland. Holzschnitt 1493

verhaften und zu Würzburg auf Unserer Frauen Berg gefangenzuhalten. Als nun am angekündigten Samstag viel Volk gen Niklashausen kam und vernahm, daß der Paukenschläger, den sie ‚Unserer Frauen Botschafter' nannten, zu Würzburg im Turm lag, hat sich das ganze Volk zu Niklashausen mit Waffen, Stangen, Wandelkerzen und Fahnen — was jeder in seine Hand bekam — nach Würzburg aufgemacht, den Bischof zu bitten, daß er Unserer Frauen Botschafter ledig gebe. Denn sie wüßten, sprachen sie, daß, wenn solche Bitten der Bischof abschlüge, sich der Turm niederlegen, auftun und Unserer Frauen Botschafter unverletzt zu ihnen herausgehen würde.

Als sie sich nun Unserer Frauen Berg zu Würzburg nahten, ist der Würzburger reisige Zug ihnen entgegengezogen und hat sie wegen ihres Umherziehens zur Rede gestellt. Darauf begehrte das Volk, ihm Unserer Frauen Botschafter freizugeben; wenn nicht, so wollten sie Unserer Frauen Berg belagern und ihn mit Gewalt herausholen. Als aber die Reisigen das tobende Volk zu beruhigen versuchten, ist das Volk mit Stangen und was jeder an Waffen gehabt, unter die Reisigen gelaufen, hat sich unterstanden, sie zu Schaden zu bringen, und sie Pfaffenknechte und Ketzer gescholten. Das hat die Reisigen zur Ungeduld bewogen, und sie haben ihrer viel mit blutigen Köpfen abgewiesen. Als nun das Volk vor Unserer Frauen Berg gekommen war, wollte Bischof Rudolf mit großen Büchsen unter sie schießen lassen. Seine Räte aber, die Mitleid mit diesem armen Völkchen hatten, veranlaßten, daß die Büchsen ohne Schaden über sie hinweggingen. Darauf ist das Volk noch halsstarriger geworden und hat gesagt, Unsere Frau beschütze sie, man könne ihnen nichts tun. Das verursachte, daß die würzburgischen Reisigen unter sie gerannt sind, etliche erstochen und verwundet haben, damit sie sähen, was man ihnen tun könne. Viele wurden gefangen, und Türme und Gewölbe zu Würzburg lagen voll davon. Doch sind sie später losgebeten worden, nur der Paukenschläger samt anderen zweien oder dreien ist zu Staub verbrannt und ihre Asche, Aberglauben zu verhüten, in den Main gestreut worden. Dennoch haben etliche Anhänger dieses Paukers nachts an dem Ort, wo er verbrannt wurde, die Erde ausgegraben und sie als Heiligtum heimgetragen."

Hans Böheim war ein einfacher Hirt von geringer Bildung, aber großer Beredsamkeit, und nicht unmöglich ist es, daß er, wie schon sein Name andeuten könnte, aus Böhmen stammt und von da hussitische Anschauungen mitgebracht hatte. Erfüllt von schwärmerisch religiösen Gedanken, entfesselte er die Kräfte des niederen Volkes. Indem er die bestehenden Verhältnisse scharf verurteilte, sprach er aus, was Tausende dachten, gab er die frohe Botschaft des armen bedrückten

Mannes. Weit über die „Reformation des Kaisers Sigismund" ging sein Programm hinaus, das Gleichheit und Kommunismus predigte. Er forderte auf, die alten Markrechte wiederherzustellen, die grundherrlichen Lasten aufzuheben, Forderungen, die die zwölf Artikel später aufgriffen. Alle Güter der Adligen und Geistlichen seien einzuziehen und an die Gemeinde zu verteilen, die Pfaffen totzuschlagen, und auch Fürsten und Herren sollten im Taglohn arbeiten. Tausende griffen begierig diese Worte auf. Wenn auch der Prophet den Tod auf dem Scheiterhaufen erlitt, seine Lehre war nicht mit ihm erstickt, sie glomm weiter und erhielt neue Nahrung durch neue Bedrückungen. Wenn wir auch zu wenig wissen, um den Pfeifer als Person oder geschichtliche Erscheinung zu fassen, so offenbart sich doch in ihm zum erstenmal eine übergewaltige Erscheinung, selbst wenn der Pfeifer nicht die treibende Kraft war, sondern irgend jemand anders die Gaben des Jünglings ausnützte. Daher bleibt uns zuletzt die Frage unlösbar, ob er an seine überirdische Sendung glaubte oder unter dem Einfluß anderer stand. Schien auch sein Traum eines kommunistischen Gottesreichs auf Erden in Nichts zerflossen, so wandte sich ein um so größerer Groll gegen die Pfaffen, denen man die Schuld an den bestehenden Zuständen in die Schuhe schob. Der „Pfaffentod" wurde das Losungswort der sozialen Revolution.

Kurz vor der Jahrhundertwende kam es an verschiedenen Stellen zu Aufständen. Vergeblich versuchten die Bauern am Lech 1460 eine Minderung der kirchlichen Abgaben und Wahl der Richter zu erreichen. Schlimm standen die Verhältnisse in Kempten, wo es 1491 zum Aufruhr kam. Dort wurden freie Bauern herabgedrückt, dort wurde ihnen das Erbe vom Abt willkürlich weggenommen, dort wurden trotz einer Mißernte neue Steuern auferlegt, aber aller Widerstand nützte nichts. Von den unerträglichen Lasten wurde nichts hinweggenommen, so daß alles beim Alten blieb.

Um 1500 hatte sich im Süden und Südwesten Deutschlands eine Art revolutionärer Tradition gebildet, als deren bedeutsamstes Schlagwort das von der „Gerechtigkeit Gottes" angesehen werden kann. Damit wurde das geschichtliche Recht geleugnet und statt dessen Ersatz gesucht in einem frei geschaffenen idealen Maßstab, der für alle Verhältnisse gelten sollte. Zum ersten Male war diese Anschauung grundsätzlich in der „Reformation des Kaisers Sigismund" vertreten worden, aber angewendet wurde sie voller Bewußtsein vom „Bundschuh", der die Worte „Nichts als Gerechtigkeit Gottes" auf seiner Fahne führte. Der „Bundschuh", ursprünglich der Name für den mit Senkeln gebundenen groben Bauernschuh, ward nunmehr das Symbol der Revolution nicht nur für die Bauern, sondern auch für die kleinen

Leute in den Städten. Trotz aller Fehlschläge verfolgte er immer ein großes Ziel, die niedere Obrigkeit hinwegzufegen und zu einer Demokratie mit Kaiser und Papst an der Spitze zu gelangen. Der Pfaffenhaß war nicht mehr der Haß gegen die Kirche als solche, sondern gegen sie als eine territoriale und wirtschaftliche Macht. Zum ersten Male ist von einem „Bundschuh" 1493 zu Schlettstadt im Elsaß die Rede. Das war eine groß angelegte Verschwörung, an der nicht nur Bauern, sondern auch Bürger teilnahmen, und die den „Bundschuh" als Abzeichen führte, damit „der gemeine Mann zuliefe". Dieser Bund verfolgte umfassende Pläne, wollte das ganze Elsaß gewinnen und darüber hinaus die Schweiz. So sehr man auch das Geheimnis zu wahren suchte, der Bund wurde entdeckt, noch ehe er etwas unternommen hatte, und die Teilnehmer, soweit sie nicht geflohen waren, erlitten die härtesten Strafen. Gleichwohl tauchte er bald hier, bald dort auf, und es zeigte sich, daß durch Strafen eine Stimmung, die tief in den Köpfen wurzelt, nicht auszurotten ist. 1497 entstand eine Verschwörung im Bistum Speyer, die den gleichen Geist wie in Schlettstadt atmete. 1502 trat in Untergrombach bei Bruchsal ein neuer Bundschuh auf, dessen Mitglieder täglich fünf Vaterunser und Ave Maria zu beten sich verpflichtet hatten. Er wollte die Erhebung durch ganz Deutschland tragen und an keinem Orte länger als vierundzwanzig Stunden weilen, um rasch das Ziel zu erreichen. Auch dieser Bund wurde verraten, ehe Bruchsal überrumpelt werden konnte. Mit den strengsten Strafen suchte man vergeblich den Geist der Empörung auszurotten. Einer der gerissensten Anführer, Jost Fritz, der schon im Bundschuh zu Speyer tätig gewesen war, rettete sich, trieb sich flüchtig in Süddeutschland umher und begann sein Werk von neuem. Ein erfahrener, mutiger und umsichtiger Kriegsmann, entfaltete er jahrelang eine unermüdliche Tätigkeit. Als echter Agitator, der geschickt die Menschen zu behandeln versteht, gewann er seine Anhänger nicht durch verzückte Predigt, sondern indem er heimlich von Haus zu Haus ging. „Unter einem guten Schein wußte er Gehör und Vertrauen der armen Bauersleute zu erschmeicheln, indem er seine Reden oft und abwechselnd wiederholte und sich dabei ganz einfältig stellte. Gewöhnlich begann er über die Zunahme der Sittenlosigkeit zu klagen, daß Gotteslästern, Zutrinken, Wuchern, Ehebrechen und andere Übeltaten so merklich überhand nähmen und von den Obern nicht gestraft würden." Er sprach von anderen Dingen und kam erst allmählich auf das eigentliche Ziel. Seine Anhänger zu erkennen, war ungemein schwierig, weil jeder den Schwur zu schweigen leisten mußte. In Lehen im Breisgau, wo er als Bannwart tätig war, liefen seit 1513 die Fäden zusammen, und der Überfall auf Freiburg im Breisgau sollte das Zeichen zum allgemeinen Aufstand sein. Über diesen Bundschuh zu Lehen berichtet anschaulich der Basler Buchdrucker Pamphilus Gengenbach, der seine Nachrichten wohl von Flüchtigen erhalten hat: „Da man zählte nach der Geburt unseres Herrn 1513 Jahr, begab sich, daß in einem Dorf Lehen, im Breisgau gelegen, ein Brotbäckerknecht Hieronymus aus Etschland war und ein anderer, Jost Fritz, der Anstifter und Anfänger des Handels. Diese zwei sind gar oft zusammengetroffen mit etlichen anderen Personen, haben geredet von dem Bundschuh, wie sie den zuwege brächten und am allerbesten aufrichten könnten, damit er Erfolg hätte. Das ist ihr Verfahren gewesen. Wenn sie zu einem gekommen sind, den sie für brauchbar hielten, traten sie mit diesem Vorbehalt an ihn heran: sofern er ein Geheimnis halten und ihnen behilflich sein wolle, wollten sie ihm etwas sagen, das göttlich, redlich, ihm und den Seinen und dem ganzen Land nützlich wäre. Das hat mancher zugesagt. Dann haben sie ihm den Handel aufgedeckt. Und dies ist ihre Meinung gewesen, sie wollten fürder keinen Herrn mehr haben und gehorsam sein als allein dem Kaiser und dem Papst. Zum andern solle Holz und Wasser, auch alles Wild frei sein. Zum dritten wollten sie alle Zins und Gülten, die das Kapital gebracht hätte, abtun und nicht mehr länger verzinsen. Zum vierten sollte ein jeder Priester nur eine Pfründe haben. Zum fünften wollten sie Zins und Gülten der Klöster, die sie zum Überfluß hätten, in ihre Hände nehmen, damit sie und ihre Kinder desto besser auskommen könnten. Zum sechsten wollten sie, daß niemand von einem andern Recht fordern solle als vor seinem Richter, wo er ansässig sei. Zum siebenten wollten sie, daß alle Ladebriefe, Mahnbriefe, Bannbriefe fürderhin nicht mehr angenommen werden sollten. Zum achten sollte das Rottweiler Gericht keine Geltung mehr haben. Zum neunten wollten sie allen denen, die sich ihnen anschlössen, das Ihre lassen. Zum zehnten den, der sich ihrem Vorhaben widersetze, wollten sie totschlagen. Diese Artikel und etliche mehr haben sie einander auf der Hartmatte (bei Lehen) vorgetragen, auch da Hauptmann, Fähnrich und Weibel gewählt. Genannter Jost Fritz, der Urheber, ist Hauptmann geworden und Jakob Hauser Fähnrich, wiewohl er sich dagegen wegen seiner Armut sträubte und weil er keine Erfahrung darin hätte. Da hat ihm Jost Fritz geantwortet, wenn ihr Vorhaben Erfolg hätte, würde er gut gekleidet werden. Er ergab sich nun darein. Dann richteten sie eine Steuer für das Fähnlein ein, beratschlagten auch weiter über die Losung, wenn einer zum andern käme. Und dies war die Losung:

  Guter Geselle, was ist dein Wesen?
  Der arme Mann kann nit mehr genesen.

Inzwischen gingen Jost Fritz und das alte Vöglein von hinnen nach Freiburg, kamen zu einem Maler und gaben ihm auf, das Fähnlein zu machen. Auf dem Fähnlein sollten sein ein Kruzifix, Unsere Frau und Sankt Johannes, das Zeichen des Papstes und des Kaisers und ein Bauer und eine Bäuerin mit einem Bundschuh mit güldenem Riemen. Als nun der Maler von dem Bundschuh hörte, erschrak er und fürchtete, es ginge nicht mit rechten Dingen zu, wollte nichts mit ihnen abschließen, sondern hieß sie wiederkommen. Da deuchte es Jost Fritzen gut, und er machte sich davon bis gen Heilbronn. Da kam er zu einem Maler, sprach zu ihm in der gleichen Weise von dem Banner. Da antwortete ihm der Maler: ‚Ich hab allweg gehört, es solle ein Bundschuh aufstehen.' Darauf sagte Jost Fritz: ‚Nein, ich hab das in Kriegsläuften versprochen und will es Unserer Frauen nach Aachen bringen. Ich bin eines Schuhmachers Sohn, darum will ich einen Bundschuh darauf haben.' Also ward der Maler überredet und machte das Fähnlein.

Wie nun Jost Fritz als der Urheber des Bundschuhs und Hauptmann oft auf der Hartmatte mit seinen Gesellen war, ist dort immer ihre Meinung gewesen, wenn sie vierhundert wären, ihre Sache anzufangen. Doch wollten sie dem Kaiser ihr Vorhaben mitteilen, und ihn, wenn er sie dabei unterstütze, zum Oberherrn haben. Wäre das aber nicht, wollten sie die gemeine Eidgenossenschaft anrufen. Inzwischen wurden die von Freiburg gewarnt. Da das Jost Fritz merkte, berief er seine Genossen wieder auf die Hartmatte und trug ihnen vor, die Sache sei herausgekommen, denn die von Freiburg träfen große Vorsichtsmaßregeln. Darum wollten sie jetzt stillstehen und nicht weiter handeln. Doch nahm er ihnen den Eid ab, das Geheimnis zu halten. Als nun Markgraf Philipp von Baden und die von Freiburg etliche gefangennahmen, entwichen Jost Fritz, Jakob Hauser, der Fähnrich und noch einer und kamen gen Liestal, in der Herren von Basel Gebiet, wo sie gefangengesetzt wurden. Doch entrann der rechte Urheber Jost Fritz, der das Fähnlein bei sich hatte."

Der Bundschuh von Lehen unterscheidet sich von den übrigen dadurch, daß er ein klar durchdachtes Programm mit positiven Forderungen besaß, die durchaus möglich waren. Er wollte keine Anarchie, sondern eine starke kirchliche und gesellschaftliche Ordnung, als deren Träger er Papst und Kaiser ansah. Alle Untergewalten sollten beseitigt werden, und auch dem einzelnen sollte durch eine allgemeine Schuldenerleichterung geholfen werden, bei der die gezahlten Zinsen vom Kapital abgezogen wurden. Der Plan scheiterte, weil zu viele ins Geheimnis gezogen waren und weil Fritz wohl ein Mann der Organisation, aber kein Mann der Tat war. Wenn auch hartes Gericht über die Verschworenen abgehalten wurde und der Bund zersprengt war, die Gedanken, die er vertrat, waren damit nicht erstickt, dazu wurzelten sie zu tief im Volke. Jost Fritz vertrat sie auch weiterhin. Noch jahrelang führte er ein unstetes Leben in der Schweiz und im Schwarzwald, und immer wieder fand er Gläubige, die sich seiner annahmen, so daß ihn die Behörden niemals entdeckten. Bis zum Anfang des Bauernkrieges lassen sich seine Spuren verfolgen. Vom Bauernkriege selbst unterscheidet sich der Bundschuh deutlich, denn er wurde heimlich und lange vorbereitet und verlangte von den Teilnehmern einen heiligen Eid, während der Bauernkrieg schlagwetterartig ausbrach, ohne daß die Herren darauf gefaßt waren.

In anderer Richtung bewegte sich die letzte größere Erhebung der Bauern, die in Württemberg 1514 unter dem Namen „Der arme Konrad" ausbrach, und in der sich abermals bäuerliche und städtische Elemente vereinigten. Der arme Konrad ist von Haus aus eine wenig zielklare Bewegung, auf keinen Fall ein Aufstand wider den Herzog und die Regierung. Nicht Änderung der staatlichen Ordnung hatte er sich als Ziel gesteckt, sondern nur Wiederherstellung des alten besseren Zustandes. Man wird daher die Hauptursachen kaum in der allgemeinen wirtschaftlichen, politischen oder religiösen Lage zu suchen haben; und wenn sie tatsächlich vorhanden waren, so waren sich mindestens die Beteiligten dieser Zusammenhänge nicht bewußt, sondern der Aufstand ging vielmehr von der Zerrüttung des Landes, von den Mißbräuchen in Regierung und Verwaltung, von der gesteigerten Rechtsunsicherheit aus. Dazu trat als letzte unmittelbare Veranlassung die gewaltsame Steuerpolitik des Herzogs Ulrich. Das Land war so ungeheuerlich verschuldet, daß etwa drei Fünftel der gesamten Staatseinnahmen dazu dienten, die Schulden zu verzinsen. Eine Finanzreform war demnach unbedingt nötig. Neben einer starken Vermögenssteuer, die von den Wohlhabenden zu tragen war, griff der Herzog zu Verbrauchsabgaben für die niederen Schichten. Da sich dagegen der allgemeine Unwille erhob, sollten Maß und Gewicht verkleinert werden, um das Vorhaben des Herzogs zu erleichtern. Dagegen wehrte man sich spontan und ohne Ziel, aus mittelalterlicher Dumpfheit heraus. Die Bauern im Remstal begannen, andere schlossen sich an; der Herzog ritt persönlich zu den Bauern ins Remstal, um zu vermitteln, aber das genügte nicht, da diese die ganzen Verhältnisse geändert sehen wollten. In Schorndorf, ihrem Mittelpunkte, errichteten sie eine Bauernkanzlei, und dort wurde beschlossen, die Amtsstädte einzunehmen, was indessen nur bei einigen glückte. Inzwischen hatte sich der Herzog auf dem Landtag verständigt und durch einen Vergleich die Städte zufriedengestellt, aber die Bauern nur wenig berücksichtigt.

Seine Machtmittel waren gewachsen, und er griff hart und streng durch. Obwohl freier Abzug zugesichert war, wurden die Bauern treulos überfallen und alle Anführer gefangen. Mit einem strengen Blutgericht und gründlicher Entwaffnung der Bauern ging die Bewegung zu Ende. Wieder hatte die Fürstenmacht im Kampfe gegen die unteren Schichten gesiegt.

Danach trat eine Pause als Ruhe vor dem Sturm ein. Die Reformation erstickte oder dämpfte zeitweilig alle Aufruhrgelüste. Aber sie schob die endgültige Entscheidung nur hinaus, da sie keinen Versuch machte oder auch nur machen wollte, sozial auszugleichen. Damit steigerte sie die vorhandene Gärung, indem sie durch den Grundsatz vom allgemeinen Priestertum der Menschen und durch die Verwerfung der Mönchsgelübde dem Haß gegen die Pfaffen ein unbestreitbares religiöses Recht verlieh. Es ist wohl ausgemacht, daß diese größte deutsche Massenerhebung wirtschaftlichen und sozialen, nicht aber religiösen Ursprungs ist und daß sie mit all den Erhebungen des fünfzehnten Jahrhunderts in einem inneren Zusammenhang steht. Indessen in Einzelheiten geht das Urteil noch immer auseinander. Namentlich seitdem wahrscheinlich gemacht worden ist, daß nicht einmal der Druck der Grundherren das Wichtigste war, sondern die Herausbildung der Territorien, durch die die Bauern mehr als bisher zu den allgemeinen Unkosten der Verwaltung mit herangezogen wurden. Zudem gaukelten massenhaft Flugblätter seit 1500 den Belasteten glänzende Traumbilder einer allgemeinen Besserung ihrer Lage vor. Fanatisiert durch allgemeine und oft dunkle Vorstellungen, warteten die Bauern nur auf den Funken, der das Pulverfaß zum Auffliegen bringen sollte. Das alte, vielleicht hussitische Schlagwort von der „göttlichen Ordnung" glomm still unter ihnen weiter und wurde schließlich zu dem von der „göttlichen Gerechtigkeit" umgeformt. Darunter verstanden sie etwas Greifbares an wirtschaftlichen, politischen und sozialen Wünschen. Mit dem Evangelium, das Luther predigte, hatten sie, wie mannigfache Zeugnisse bekunden, keine oder doch nur geringe Fühlung. Abwegig ist die Meinung katholischer Geschichtschreiber, die Reformation habe unmittelbar den Bauernkrieg hervorgerufen. Allerdings wird man nicht abstreiten können, daß die radikale Predigt, die streng biblisch überall in Kirchen, Häusern und im Freien gehalten wurde, ihre Wirkung nicht verfehlte. Daß Luther in Wittenberg die Schwarmgeister nicht für immer gebannt hatte, zeigte sich, als Karlstadt grollend abseits stand und seine eigenen Wege ging. Vor allem aber wurden Bauern und Handwerker von dem Gedanken des allgemeinen Priestertums der Menschen ergriffen. Schon der Kürschner Sebastian Lotzer, der später als Feldschreiber der Bauern eine große

Bauern leisten einen Eidschwur auf die Bundschuhfahne, auf der der gekreuzigte Christus auf einem Schuh stehend abgebildet ist.
Holzschnitt 1513

Rolle spielte, erklärte, daß die Jünger Christi nur „schlechte Laien" gewesen seien. So wurden von den Geistlichen einfache Leute herangezogen, das Wort Gottes zu verkünden, wie auch andererseits einzelne Geistliche ganz und gar Sitten und Gebräuche der Bauern annahmen. Der Kampf gegen die kirchlichen Zehnten und Zinsen hatte die Aufregung unter den Bauern stark gesteigert. Christoph Schappeler in Memmingen erklärte beide als unchristlich und predigte, der Himmel stünde den Bauern offen, aber dem Adel und der Geistlichkeit sei er verschlossen. Kein Wunder, daß das Selbstbewußtsein des kleinen Mannes wuchs, der seine kühnsten Erwartungen erfüllt sah, dem die radikalen Prediger Gleichberechtigung, ja oft bessere Einsicht in religiöse Fragen zugestanden und dem sie zur heiligen Pflicht machten, die drückenden Abgaben zu verweigern. Nicht das eigentliche Evangelium Luthers drang zu ihnen, sondern über ihn hatte der biblische Radikalismus gesiegt, der allerdings in Süddeutschland nicht so schlimme Formen annahm wie in Mitteldeutschland, wo Thomas Münzer sein gefürchteter Wortführer wurde. Es erschien den Bauern als Pflicht, sich aufzulehnen gegen eine Tyrannei, die in die innersten und heiligsten Angelegenheiten des Menschen eingriff, um so mehr, als die religiöse Freiheit des Evangeliums ohne weiteres auf die Befreiung von Leib und Gut bezogen wurde.

Zwischen Bodensee und Lech

Die Anfänge des großen Bauernkrieges liegen im Dunkel, das durch die spärlichen Nachrichten und Akten nicht zu beheben ist. Auf jeden Fall setzten sie in den Gegenden des südlichen Schwarzwalds ein, denn nirgends waren die politischen wie religiösen Gegensätze so schroff wie dort. Österreich gebot über die Gebiete diesseits des Rheines und verwaltete seit 1519 auch das Herzogtum Württemberg, nachdem Herzog Ulrich vertrieben worden war. Südlich des Rheins grenzte die Schweiz, die seit alter Zeit Habsburg feindlich gesinnt war, jetzt aber ganz besonders, denn durch die Ansprüche Karls V. auf Oberitalien drohte die Gefahr einer Umfassung, die zugleich das Ende der Freiheit bedeuten konnte. In religiöser Hinsicht waren die Grundsätze der Reformation in der Schweiz, da vor allem in Zürich, weiter durchgeführt als irgendwo im Reiche, sollten doch die Anschauungen des Evangeliums auch für das bürgerliche Leben verpflichtend sein. Um 1524 hatten sich diese Spannungen wesentlich verschärft. Seitdem Franz I. und Karl V. die Entscheidung suchten, waren die oberdeutschen Gebiete beliebte Werbebezirke, und der vorderösterreichischen Regierung lag viel daran, den Zuzug nach Frankreich zu hindern.

Auch auf kirchlichem Gebiete waren verhängnisvolle Veränderungen eingetreten. Da sich überall evangelische Prädikanten bemerkbar gemacht hatten, so veranlaßten die Habsburger, daß alle neugläubigen Geistlichen aus ihrem Gebiet wichen. Am längsten widerstand in Waldshut, gestützt durch die einheimische Bevölkerung, der gelehrte Balthasar Hubmaier, der mit Zürich rege Beziehungen unterhielt. Auch er mußte schließlich aus Waldshut weichen, um seine Mitbürger nicht in Unglück zu bringen. Es läßt sich begreifen, daß diese Gebiete allerlei unruhige Geister anzogen. So hielten sich Karlstadt und Münzer vorübergehend dort auf.

Seit Juni 1524 entstanden in den Gebieten hart an der Schweizer Grenze einzelne örtliche Aufstände, die untereinander ohne Zusammenhang waren, und über die die zeitgenössische Chronik des Andreas Lettsch anschaulich berichtet: „Im Jahre 1524 nach Pfingsten entstand ein Auflauf der Bauern in der Grafschaft Stühlingen zu Bonndorf, während Graf Siegmund zu Lupfen, Landgraf zu Stühlingen, über diese Grafschaft regierte. Diese Bauern der Grafschaft Stühlingen empörten sich wider ihren Herrn wegen etlicher Beschwerden: sie wollten Frondienste und andere tägliche Beschwerden nicht länger erleiden, wollten auch fürder nicht tun, wie sie nach altem Herkommen getan hatten. In diesen Tagen hatten die von Waldshut einen Pfarrer mit Namen D. Balthasar Hubmair. Der war ein Lehrer der göttlichen Schrift, welcher wider alle geistliche und weltliche Obrigkeit predigte, daß niemand nichts mehr zu leisten schuldig und allein unser Herrgott zu ehren wäre. Dadurch wurden die Bauern wider die Obrigkeit erhitzt und wollten keinen Herrn haben als Gott den Allmächtigen. Und wahrlich, wenn man die Sache recht bedenkt, so ist dieser D. Balthasar ein Anfänger und Aufwiegler des ganzen Bauernkriegs gewesen, denn durch ihn ist solcher erbärmlicher Schaden und Übel ausgegangen, und durch sein Predigen sind die von Waldshut zu merklichem Verderb an Ehren, Gewalt und Reichtum gekommen. Sie waren seiner Predigt gehorsam und gewogen, auch gut lutherisch und rühmten, er käme aus besonderer Schickung Gottes des Allmächtigen. Dieser Doktor hatte viel Gunst zu Waldshut bei Mann und Weib, jung und alt. Er fing an, die deutsche Messe zu lesen, zerstörte die Kirchen, verbrannte die Heiligenbilder darin, verkaufte der Kirchen Gewänder, Kelch und andere Kleinode, taufte auch viele Menschen noch einmal, indem er sagte, daß die Taufe ohne Glauben nichtig und vergeblich wäre, und brachte mit diesem seinem unchristlichen Wesen zuwege, daß die von Waldshut einen besonderen Glauben hatten, sich dem Erzherzog Ferdinand widersetzten und allein Christus und seiner Lehre anhangen wollten.

Als nun die Bauern zu Bonndorf sich berieten und einhellig beschlossen hatten, wie sie dem Evangelium gewärtig und der Gerechtigkeit beistehen wollten, machten sie Hans Müller von Bulgenbach zum obersten Feldhauptmann und wollten das Evangelium in allen Landen samt der Gerechtigkeit beschirmen und besetzten alle Ämter, die man in kriegerischen Handlungen und Geschäften haben muß. Hans Müller war wohlberedt und verständig. Seinesgleichen als Redner konnte man nicht finden, Gott hatte sie mit einem geschickten Manne versorgt. Alle Menschen fürchteten diesen Hans Müller, ich habe ihn auch wohl gekannt. Er war ein stattlicher Mann in rechter Manneslänge, der zuvor in Frankreich Kriegsdienste getan hatte, und konnte genug zu einem Laien reden. Wie sich die lupfischen Bauern zusammen verschworen hatten, mit- und untereinander Lieb und Leid zu leiden, wollten sie der Obrigkeit nicht mehr so hart untertan sein. Sie schossen das Wildbret, wo und wie sie es bekamen, und fischten auch, wo sie mochten.

Sie zogen mit ihrem Fähnlein gen Waldshut auf die Kirchweih. Und da die von Waldshut bei unserm Herrn in Ungnade standen wegen der lutherischen Lehre, machten sie mit den lupfischen Bauern ein Bündnis, sich gegenseitig zu retten, zu schützen und zu schirmen. Darnach wollte sich Graf Siegmund wegen der vermeintlichen Ansprüche, die die Bauern gegen ihn hatten, mit ihnen gütlich auseinandersetzen. Als ein Tag zur gütlichen Verhandlung in Thiengen (bei Waldshut) angesetzt war, zogen die Bürger von Waldshut wohlgerüstet mit ihrem Fähnlein heraus. Das glich keinem Vertrag. Da nun Graf Siegmund und seine befreundeten Herren das sahen, ritten sie unverzüglich von hinnen und wollten unter diesen Umständen mit den Bauern nicht verhandeln. Darnach wurden Graf Siegmund und seine armen Leute veranlaßt, zuzustimmen, daß die Herren Wolf von Homburg und Hans Walther von Laubenberg, beide Ritter, und Bürgermeister und Rat der Stadt Schaffhausen genanntem Grafen Siegmund und den Bauern in ihren Spänen gütlich helfen sollten... So ward ein Vertrag zwischen Graf Siegmund und seinen armen Leuten aufgerichtet, beschworen und besiegelt. Als er den Bauern zugeschickt und ihnen verlesen ward, mißfiel er ihnen, und sie wollten diesen Vertrag nicht halten, davon auch nicht mehr reden hören. Sie zogen darauf vor das Schloß Stühlingen und lagen davor etwa vierzehn Tage. Da sie kein Geschütz hatten, mit ihm die Mauern zu brechen, konnten sie das Schloß nicht gewinnen.

Im selben Herbst empörten sich auch die Bauern im Hegau wider ihre Herren, aber diese Auflehnung wurde durch Bürgermeister und Rat zu Konstanz und Überlingen in aller Güte gestillt, wiewohl sich die hegauischen Edelleute wider die Bauern mit Kriegsvolk gerüstet hatten.

Darnach zogen die lupfischen Bauern über die Wutach gen Mündelfingen, lagerten dort und mehrten ihre Haufen von Tag zu Tag. Damals wurde der Krieg so geführt, daß Graf Siegmund und seine Untertanen vor das Reichskammergericht nach Eßlingen ihrer Entzweiung halber verwiesen wurden. Beide Teile hatten das angenommen und beschworen. Als nun die lupfischen Bauern in ihrem grimmigen Toben gestillt waren, zogen kurz darnach die Schwarzwälder Bauern der Vogtei Hohenstein in das Kloster St. Trudpert hinab und schädigten das Gotteshaus an Getreide und Wein sehr. Da nun der Abt von St. Trudpert unter dem Schutze der österreichischen Regierung stand, wurden gegen tausend Knechte zu Roß und zu Fuß angenommen, die Schwarzwälder Bauern zu schlagen, worauf die Bauern nicht länger verweilten, da sie auf solche Gäste nicht warten wollten. In denselben Tagen waren die Bürger zu Waldshut in schwerer Ungnade bei unserm Herrn, weil sie ihren lutherischen Doktor wider kaiserliches Gebot behielten, so daß jedermann glaubte, man würde vor die Stadt Waldshut ziehen und sie ihrer Hartnäckigkeit wegen streng bestrafen. Darob erschraken die zu Waldshut und besoldeten mehr als zweihundert Schweizer in ihrer Stadt. Sie taten es unter dem Anschein, als ob sie Schweizer werden wollten. Diese Hilfstruppen kamen aus dem Züricher Gebiet und anderen Orten, die dem alten christlichen Glauben ganz feindlich waren. Sie drohten täglich, unser Gotteshaus St. Blasien zu plündern und zu zerstören. Auf solches Geschrei zogen die Schwarzwälder Bauern der Vogtei Hohenstein zu Allerheiligen nachts zweihundert Mann stark in das Gotteshaus und gaben vor, es vor dem Überfall der Schweizer zu beschirmen. Wie sie aber das Gotteshaus vor Schaden behütet haben, davon wirst du gleich hören!

Darnach zogen zu Allerseelen auch die Untertanen des Gotteshauses aus der Herrschaft Blumenegg, Wutachamt und Vogtei Gutenburg ins Gotteshaus zu unsern Schwarzwäldern, so daß sie gegen fünfhundert Mann waren, und wollten das Gotteshaus gleicherweise wie die Schwarzwälder retten. So lagen sie deswegen zwei Tage beieinander, schwuren zusammen, wie sie einander helfen wollten und sagten meinem gnädigen Herrn, das Gotteshaus und der Untertanen treulich zu schützen und zu schirmen. Kannst wohl denken, daß die Obrigkeit in solches Spiel nicht eingreifen wollte!"

Die Sage hat später diese Anfänge ausgeschmückt, indem sie davon erzählt, daß die Gräfin von Lupfen ihre Untertanen Schneckenhäuser während der Ernte habe suchen lassen, um sie als Garnwickel zu gebrauchen. Wir können diese Erzählung weder abstreiten noch belegen, aber immerhin enthält sie den einen Beweggrund, daß soziale Mißstände die Erhebung in erster Linie veranlaßten. Erst dadurch, daß der Herr sich sperrig erwies, gewann sie an Umfang und Zulauf. Der alte Graf, gegen den zuvor keinerlei Klagen erhoben wurden, vermochte sich nicht durchzusetzen, und als er zuletzt zusicherte, die Bauern nicht unbillig zu beschweren, wurden seine Abmachungen abgelehnt. Mit Besorgnis verfolgten die benachbarten Herren diese Vorgänge und hofften auf Hilfe von Österreich, in dessen Schutz sie standen. Ihre Lage erschien ihnen gefährdet, als im August 1524 die Bauern sich unter dem früheren Landsknecht Hans Müller organisierten und mit achthundert Mann in die vorderösterreichische Stadt Waldshut einzogen. So spitzten sich die Dinge zu. Von der Schweiz wirkten zwinglianische Lehren, ja der Züricher Rat schickte sogar Freiwillige nach Waldshut. Herzog Ulrich von Württemberg kehrte aus der Fremde zurück, nahm seinen Sitz auf dem Hohentwiel und schürte von da aus die Bewegung. Alle Vermittlungen, die man im Sommer und Herbst 1524 unternommen hatte, blieben ergebnislos, und indem die Stühlinger Waldshut nahmen, war die Beziehung zwischen Stadt und Land, zwischen religiöser und agrarischer Bewegung hergestellt. Weit über tausend Männer waren zusammengekommen, und ihnen hatten sich Leute von Blasien, aus dem Thurgau und anderen Gegenden angeschlossen. Während es jetzt noch durchaus möglich war, diese rein örtlichen Bewegungen im südlichen Schwarzwald zu dämpfen, verstrich der Winter ungenützt von der vorderösterreichischen Regierung, und zuletzt zerriß das wirtschaftliche Unrecht jede Ordnung.

Bis Anfang Januar 1525 war es in Oberschwaben mit Ausnahme der eben genannten Gebiete ruhig. Indessen seit Dezember 1524 hatten die Bauern des Donaurieds geheime Zusammenkünfte, die immer häufiger und regelmäßiger wurden und denen schließlich Beachtung geschenkt werden mußte. Baltringen wurde seit den ersten Februartagen ihr Hauptquartier und der tatkräftige Hufschmied Ulrich Schmid aus Sulmentingen ihr tüchtiger Führer. Schon am 9. Februar zählte der Haufen viertausend Mann, die bis Ende des Monats auf etwa dreißigtausend angewachsen sein sollen. Der Kanzler des Herzogs von Bayern schlug damals vor, die Bauern mit fünf- bis sechshundert Reisigen niederzuwerfen, aber der Schwäbische Bund lehnte es ab und beschloß, mit ihnen zu verhandeln. Ulrich Schmid als Sprecher der Bauern wies dabei auf die übermäßigen Lasten und Leistungen hin und verlangte deren Erleichterung und freies Evangelium. Die Herren stellten sich entgegenkommend und wollten in einer späteren Versammlung die Angelegenheit schlichten. Als sich am 27. Februar ein großes Bauernheer von dreißigtausend Mann bei Laupheim versammelt hatte, wurde abermals verhandelt, und die Herren wollten die Klagen der Bauern an das Kammergericht in Eßlingen verweisen. „Darauf fragte Ulrich Schmid, welcherlei Recht sie ihnen vorzuschlagen hätten. Sie antworteten, das des Kammergerichts, und fragten zugleich, welches Recht er begehre. Ulrich antwortete: ‚Das göttliche Recht, das jedem Stand sagt, was ihm gebührt zu tun und zu lassen.‘ Da sprachen die Herren spöttisch: ‚Lieber Ulrich, du fragst nach göttlichem Recht. Sag an, wer wird solch Recht sprechen? Gott wird ja langsam vom Himmel herabkommen und einen Rechtstag ansetzen.‘ Antwortete Ulrich: ‚Liebe Herren, es ist mir schwer in meiner Einfältigkeit, in Eil euch Richter oder Rechtskünder zu nennen. Aber das will ich tun. Drei Wochen ungefähr will ich als Frist nehmen, in denen ich alle Priester aller Kirchspiele ermahnen will, gemein Gebet zu Gott zu halten, daß er uns gelehrte, fromme Männer anzeige, die diesen Span nach göttlichem Recht zu beurteilen und zu bescheiden wissen.‘ Das gaben die Gesandten bereitwillig zu. Da ist Ulrich Schmid, dem niemand seine Last tragen half, nach Memmingen gegangen, voll guter Hoffnung, dort Personen zu finden, die bei seinem Vorhaben ihm helfen und raten könnten. Da ist ihm Sebastian Lotzer genannt worden, ein Kürschner, als ein Schriftgelehrter und in solchen Dingen erfahrener Geselle. Wie er aber darum angegangen wurde, hat er Ulrichs Bitte abgeschlagen. Wie mir der Sebastian selbst erzählt hat, als er hier in St. Gallen samt anderen Verwiesenen sich eine Zeitlang aufhielt, und hat gesprochen: ‚Lieber Ulrich, dir ist nit unwissend, wie du über ein gewaltiges Heer Oberster bist. Darum sind dir besonders geschickte gelehrte Männer nötig. Nun bin ich ein einfacher, gewöhnlicher Handwerksgeselle, habe mich an keinem Hof noch in keiner Kanzlei je geübt, ja bin nie eines Notars Gehilfe gewesen. Darum ist dir bei der Schwere deines Vorhabens mit mir nicht gedient.‘ Doch zuletzt, als er keine Ausreden weiter machen konnte, hat er eingewilligt, ohne irgendwelche Besoldung, sofern man sich an seinem Fleiß und Ernst wolle genügen lassen."

Damit war das Schlagwort vom „göttlichen Recht" gefallen, das im Gegensatz zum menschlichen stand. Darunter verstand man das Recht, das sich durch das Evangelium erweisen ließ, das Recht der Freiheit und Selbstbestimmung, das Recht auf Befreiung von allem, was allein durch Menschensatzung in der Kirche bestimmt worden war. Dies Recht brauchte nicht nur religiös aufgefaßt zu sein, sondern konnte auch noch andere Bedeutung haben. Es konnte bezogen werden auf Leibeigenschaft und Zinszahlung, kurz, es kam ganz darauf an, welchen Sinn die Bauern in dieses Schlagwort hineinlegten.

Wie heute die radikale Anschauung alles Heil von der irdischen Glückseligkeit erwartet, so flog damals das Schlagwort von der göttlichen Gerechtigkeit von Mund zu Mund, und in ihm liefen alle Wünsche der Aufständischen zusammen. Was früher nur in den kleinen Kreisen der Sektierer lebte, wurde jetzt offen ausgesprochen, seit alle Welt von Evangelium und christlicher Freiheit sprach. Schon im Januar 1525 wollten die Untertanen des Klettgaus nur noch das leisten, was „billig, göttlich und christlich" sei. All das ist allein aus dem Vorstellungskreis der Bauern zu begreifen, die Luthers ideale Herrlichkeit des freien Christenmenschen nicht zu fassen vermochten.

Um dieselbe Zeit standen auch die Bauern des Allgäus auf, die zur Abtei Kempten gehörten. Die Kemptner Fürstbischöfe hatten wohl am folgerichtigsten die Politik der Bauernplackerei jahrzehntelang durchgeführt, und der Groll der Untertanen bedurfte nur eines äußeren Anlasses, um entfacht zu werden. Ob man mit Recht zuerst eine politische Erhebung annimmt, der erst später, um den 20. Februar, die wirtschaftliche gefolgt sei, sei wenigstens erwähnt, obschon in Wirklichkeit die Gründe gar nicht so scharf voneinander geschieden werden können. Am 21. Januar 1525 war eine allgemeine Tagung der Bauern nach Leubas bei Kempten von Jörg Schmid einberufen worden, der gemeinhin „der Knopf von Leubas" genannt wird. In dieser Versammlung wurde beschlossen, die Beschwerden dem Schwäbischen Bund vorzulegen. Dieser jedoch verwies Klage und Gegenklage nach Tübingen an die gelehrten Richter. Der weitere Verlauf ist unbekannt, wahrscheinlich ist zu Ungunsten der Bauern entschieden worden. In der Heimat wirkte das Beispiel der österreichischen Untertanen. Die Bauern schlossen sich zu losen Verbänden zusammen, die stark von Prädikanten beeinflußt waren. Vor allem von Schappeler in Memmingen, der alle Zehnten und Zinsen ablehnte, von Mathias Weibel in Kempten, der später gehängt wurde. Unter diesen Haufen bestand zunächst keine Verbindung. Erst am 24. Februar gaben sich die Allgäuer eine Verfassung, die sogenannten „Allgäuer Artikel" und sahen ihre Hauptaufgabe darin, als Brüder in Christo nach dem Evangelium zu handeln. Indem sie somit von örtlichen Forderungen zu allgemeinen Grundsätzen fortschritten, kam es zu einer Annäherung der einzelnen Haufen untereinander, deren Interessen in der gleichen Richtung lagen. Diese wirren Zeiten, wo die Bauern lärmend von Ort zu Ort zogen, führt die drastische Schilderung des Ritters von Werdenstein vor Augen, der zugleich der einzige Adlige überhaupt ist, der seine Erlebnisse in diesen Tagen aufgezeichnet hat: „Als die Bauern in ihrem Aufruhr gewesen sind, haben sie eine Versammlung zu Obersonthofen am 14. Februar gehabt. Der Graf von Montfort hat ge=

Aufständische Bauern mit der Bundschuhfahne umzingeln einen Ritter. Holzschnitt von Hans Weiditz. 1539

glaubt, er würde seine Bauern bei sich behalten, aber sie sind alle von ihm abgefallen und haben ihn mit seinen Knechten allein gelassen. Da hab ich, Georg von Werdenstein, einen Bauern gehabt, mit Namen Michael Heul, der hat alle Bauern zu sich gerufen, die denen zu Werdenstein gehören. Nachts sind die Bauern wieder von Obersonthofen fortgezogen, etwa zweihundert sind am Schloß Werdenstein vorbeigegangen und haben laut geschrien: ‚Komm Teufel, hole alles, was im Schloß ist!' Weiter haben sie hinauf zu mir geschrien: ‚Komm herab, du alter Hund, wir wollen dir den Bart ausraufen!' Weiter haben sie hinauf zu Madlene von Laubenberg, die damals eine Jungfrau war, und zu meiner jungen Tochter Bärbel auch geschrien: ‚Ihr jungen Huren, wir wollen euch beschlafen und die alte Kammerjungfer darnach brauchen.' Sie hatten auch weiter geschrien: ‚Wir müssen Wasser trinken, und sie wollen Wein trinken. Wir müssen das Äußerste mit den Nägeln aus dem Boden kratzen.' Und weiter kamen noch viele unzüchtige Worte, die nicht nötig sind, aufzuschreiben. Darnach sind sie weitergezogen, ohne Schaden zu tun.

Am Morgen nach dem 14. Februar ist mein Pfarrer zu mir ins Schloß gekommen und hat in der Kapelle Messe gelesen. Da sind alle meine Bauern gekommen und haben verlangt, ich solle zu ihnen kommen. Ich habe ihnen die Antwort gegeben, wenn ich die Messe gehört hätte, wolle ich zu ihnen. Als die Messe aus war, bin ich zu ihnen vor die Kapelle gegangen in den Hof. Da ist einer unter ihnen gewesen, den haben sie als Redner bestimmt, Christa Kutter zu Eckarts, ein Schmied. Der hat zu mir gesagt, sie wollten weder Zins noch Steuer geben, noch Gehorsam, noch botmäßig sein. Darauf habe ich gefragt: ‚Liebe Gesellen, was werfet ihr mir vor, oder was hab ich euch getan?' Da hat der genannte Schmied gesagt, ich hätte nichts getan, als was andere Herren auch getan hätten, aber sie wollten keine Herren mehr haben. Darnach haben sie weitergeredet, sie wollten auch, daß der Pfarrer predige, wie man zu Kempten predige. Darauf habe ich gesagt: ‚Der Pfarrer steht da, ich darf ihn nicht predigen lehren, er weiß selber, was er predigen soll.' Darauf hat der Pfarrer zu ihnen gesagt: ‚Liebe Gesellen, ich habe euch bisher die Wahrheit gesagt und kann nicht anders predigen, dafür will ich meine Seele einsetzen.' Da hat der Schmied zum Pfarrer gesagt: ‚Ich scheiß dir in deine Seele. Du brauchst deine Seele nicht für uns zu setzen, und ich brauche deine Seele nirgends.' Dabei hat er den Pfarrer geduzt und vor Frauen und Jungfrauen diese Worte gebraucht. Da ward ich erzürnt, daß ich keine Vernunft hatte und sprach zu den Bauern: ‚Wenn ihr mich jetzt von dem christlichen Glauben treiben wollt, so nehmt mich gleich jetzt und haut mir den Kopf ab, so will ich sterben als ein frommer Christ.'

Das haben sie aber nicht getan, sondern sind von mir gegangen. Der Pfarrer und ich und alle andern Personen gingen hinauf ins Schloß, aßen miteinander zu Morgen und sind beide zusammen nicht sehr fröhlich gewesen, wie ein jeder selbst wohl ermessen kann."

Mitte Februar stand der ganze Allgäu in hellem Aufruhr, und sowohl der Schwäbische Bund wie auch die Bauern rüsteten. Als dritter Haufen hatte sich neben den Bauern des Donaurieds und denen des Allgäus aus Anwohnern des Bodensees der Seehaufen gebildet. Am 24. Februar schlossen sich noch die Bauern vom Bodensee und Schussental zusammen, die Anfang März durch den Haufen aus Ochsenhausen und die Bauern des Truchsessen verstärkt wurden. Dieser Haufen verfolgte die radikalsten Absichten gegen Herren und Städte.

So wütete der gesamte schwäbische Stamm gegen seine Obrigkeit, die sich lange Zeit nicht rührte. Nicht mit Unrecht schreibt einer der zeitgenössischen Chronisten: „Die Herren und Jungherren waren Hasen geworden." Nur in geringer Zahl konnte den großen Haufen Kriegsvolk entgegengestellt werden, und somit bestand für die Bauern die günstigste Gelegenheit, ihre Macht auszudehnen, wenn es ihnen nicht an Zielbewußtheit gefehlt hätte. Die herrschenden Gewalten waren uneins und zerfahren, das Reichsregiment sah dem revolutionären Treiben untätig zu und suchte lediglich zu vermitteln. Als die Bauern seinem Sitze in Eßlingen nahten, floh es. War auf der einen Seite die Macht der Herren besonders schwach, so wurden andererseits die Bauern vielfach unterstützt. Städte wie Memmingen, Kempten, Kaufbeuren und andere schickten Waffen und Lebensmittel. Scharenweise kamen herrenlose Landsknechte zugelaufen, die schon um deswillen für die Bauern eintraten, da sie meist bäuerlicher Herkunft waren. Schließlich weigerten sich die Landsknechte des Schwäbischen Bundes, gegen die Aufrührer zu ziehen. So blieben tatsächlich dem Schwäbischen Bund nichts weiter als Verhandlungen übrig, aber er meinte es nicht ehrlich, denn er wollte nur Zeit und damit Kräfte gewinnen. Für ihn war die Gefahr zunächst um so größer, weil Karl V. in Oberitalien gegen Franz I. zu kämpfen hatte.

All das trug dazu bei, daß die Bewegung der Bauern ständig an Umfang zunahm und daß man schließlich auf eine Zusammenarbeit der einzelnen Haufen ausging. In Memmingen, wo der begeisterte Christoph Schappeler als Prediger für die Reformation wirkte, trafen sich Anfang März fünfzig Abgesandte der drei bäuerlichen Haufen auf der Stube der Kramerinnung. Man wollte ein gemeinsames Programm auf Grundlage der von den Allgäuern am 24. Februar angenommenen Artikel aufstellen. Die Verständigung war schwierig, da die Seebauern ihre Meinung sehr entschieden vertraten und am liebsten sofort zum Schwert gegriffen hätten. In ihrer Erregung verließen sie die Sitzung, aber ließen sich doch bewegen, abends nochmals die Verhandlungen aufzunehmen und sich den beiden übrigen Gruppen anzuschließen. Damit hatte die Partei der Gemäßigten unter Ulrich Schmid gesiegt, und am 7. März wurde in Memmingen zwischen den drei Haufen die „christliche Vereinigung" abgeschlossen, in der dieselben Grundsätze, die in den zwölf Artikeln ausgesprochen werden, zur Richtschnur des Handelns dienten. Damit schien endgültig die Zeit der Einzelunternehmungen überwunden. Um diese Zeit stand es mit den Aussichten der Bauern gut, wenn sie Kraft zum Angriff fanden. Aber gerade darin haperte es. Die Bauern vermochten niemals das große Ganze zu übersehen, sondern sahen nur das Nächstliegende. Ihr Haß wandte sich vor allem gegen die reichen, wohlhabenden Klöster, wovon die Quellen bezeichnende Beispiele erzählen. Klöster wurden gestürmt, geplündert, und die Wut der Bauern kannte oft keine Grenzen. So heißt es über die Verwüstung des Klosters und der Stiftskirche zu Kempten: „Sie haben alle Bilder Gottes und unseres Seligmachers und seiner gebenedeiten Mutter enthauptet, das Christkindlein an ihrem Arm entzweigeschlagen und anderer lieben Heiligen Bilder türkisch und unchristlicherweise entehret, zerhauen, zerworfen, zerrissen und dem Gotteshaus entfremdet. Sie haben das Sakramentshaus, das mit großen Kosten gemacht war, ganz zerrissen, das Käpslein, darin der zarte Fronleichnam aufzubewahren war, herausgenommen, und wenn ein Priester es nicht verhütet hätte, hätten sie es ausgeschüttet." Ähnliches wiederholte sich in St. Blasien. „Es war viel Heiltum in dem Hauptaltar", berichtet das Stiftungsbuch des Klosters, „das in köstlich mit Edelsteinen und Elfenbein eingefaßten Schreinen lag. Diese Schreine haben sie alle zerschlagen, die Steine davon genommen, das Heiltum unter die Füße geworfen und zertreten, die Gräber aufgegraben, um etwas darin zu finden, das Sakramenthäuslein aufgebrochen und zerschlagen. Unter ihnen ist ein verruchter Bauer gewesen, der hat die Partikel des heiligen Sakraments herausgenommen und gesprochen, er wolle auf einmal genug Herrgott fressen, und hat sie so verschlungen ... Sie gingen bis über die Knöchel im Wein und tranken so unsauber, daß sie keine Vernunft hatten und in den Winkeln wie die unvernünftigen Tiere lagen." Dem Adel gegenüber hatten die Bauern sich zunächst zurückgehalten. Bis in den März 1525 griffen sie selten ein Schloß an, obwohl sie viele, die unbewehrt waren, hätten überrennen können. Als aber nunmehr der Schwäbische Bund rüstete, begnügten sie sich nicht mehr mit den Klöstern, und als der Adel seine Schlösser trotz der Warnung verproviantierte, wandten sich die Bauern auch gegen sie. In den meisten Fällen aber ließen sie es bei heftigen Drohworten bewenden, denen nur selten die Tat folgte.

Um jene Zeit kamen die Truppen des Schwäbischen Bundes langsam vorwärts, weil innere Zwistigkeiten dessen Kräfte aufzehrten. Vor allem, weil Herzog Ulrich, der als „Bauer Utz" auf die Seite der Aufständischen getreten war, mit Hilfe der Bauern sein Herzogtum wieder gewinnen wollte. Vom Hohentwiel aus, wo er seine Zuflucht gefunden hatte, knüpfte er Verbindungen nach allen Richtungen an und nahm auch zahlreiche Landsknechte in seine Dienste. Als aber Ende Februar sein Bundesgenosse Franz I. von Frankreich bei Pavia geschlagen wurde, kam auch für ihn das Ende. Seine Schweizer verließen ihn, und bereits Mitte März war er wieder auf dem Hohentwiel. Seine Flucht ward für den Schwäbischen Bund wichtig, weil er damit freie Hand den Bauern gegenüber gewann. In all diesen Zeiten hatten die Bauern nichts Großes geleistet, sondern indem sie sich durch Verhandlungen mit den Herren hatten hinhalten lassen, war ihr Geschick entschieden, noch ehe sich die Truppen des Gegners in Bewegung gesetzt hatten. Denn der geschlossenen Macht des Bundes konnten sie nichts Gleichwertiges entgegenstellen.

Nachdem am 7. März in Memmingen die neue Bundesordnung beschlossen worden war, wurde sie höflich dem Schwäbischen Bund mitgeteilt. Am nächsten Tage verließen die Abgesandten der Bauern die Stadt, nicht ohne dem Stadtrat für den gespendeten Wein gedankt zu haben.

Um diese Zeit wurden die zwölf „gründlichen und rechten Hauptartikel aller Bauernschaft und ihrer Hintersassen" der gemeinsame leidenschaftliche Ausdruck aller Bestrebungen, die in der Bauernschaft vorhanden waren. Die Einleitung will die Beziehung zwischen Evangelium und Aufruhr klären. Sie weist den Vorwurf zurück, daß der Aufstand eine „Frucht des neuen Evangeliums" sei, und daß die Meinung wäre, „niemand gehorsam zu sein". Nicht das Evangelium sei schuld, sondern das Widerstreben gewisser Kreise. Die rein wirtschaftlichen Forderungen, die in den zwölf Artikeln geäußert werden, sind nichts Neues, wohl aber die religiöse Einkleidung. Was sie wollen, ist das Evangelium, ist „Gottes Wille. Wer will in sein Gericht greifen? Er wird sie erretten und in kurzer Zeit!" Die religiöse Einkleidung nahm gefangen, daß der „Grund aller Artikel darin gerichtet sei, das Evangelium zu hören und demgemäß zu leben". Diese Wertschätzung der Bibel ist eine Frucht der Wirkung der Reformatoren. Auf die Einleitung folgen dann die Artikel. „Zum ersten ist unsere demütige Bitte und Begehren, daß wir nun fürder Gewalt und Macht haben wollen, daß eine ganze Gemeinde ihren Pfarrer selbst wählt und kiest, auch Gewalt hat, ihn wieder zu entsetzen, wenn er sich ungebührlich hielte." „Zum andern, nachdem der Zehnte im alten Testament auferlegt ist, wollen wir den rechten Kornzehnten gern geben, doch wie sich gebührt." Mit ihm sollen Pfarrer, Bedürftige und Landwehr unterhalten werden. „Zum dritten ist der Brauch bisher gewesen, daß man uns für Eigenleute gehalten hat, was zum Erbarmen ist in Anbetracht dessen, daß uns Christus alle mit seinem kostbaren Blut erlöst hat. Darum ergibt sich aus der Schrift, daß wir frei sind. Nicht, daß wir ganz frei sein und keine Obrigkeit haben wollen, das lehret uns Gott nicht." Damit beanspruchen sie ihre persönliche Freiheit, in der sie stark bedrückt waren. „Zum vierten ist bisher im Brauch gewesen, daß kein armer Mann Wildbret, Geflügel oder Fisch im fließenden Wasser fangen durfte, welches uns ganz unziemlich und unbrüderlich dünkt, besonders eigennützig und dem Wort Gottes nicht gemäß. Denn als Gott der Herr den Menschen schuf, hat er ihm Gewalt gegeben über alle Tiere, über den Vogel in der Luft und über den Fisch im Wasser." Das soll wiederhergestellt werden, zumal sie unter dem Wildschaden besonders leiden. „Zum fünften haben sich unsere Herrschaften die Gehölze angeeignet, und wenn der arme Mann etwas bedarf, muß er's ums doppelte Geld kaufen. Nun ist unsere Meinung, Gehölze, die Geistliche oder Weltliche nicht gekauft haben, sollen der Gemeinde wieder anheimfallen." „Zum sechsten ist unsere harte Beschwerung der Dienste halben, welche von Tag zu Tag gemehrt werden und täglich zunehmen." Sie verlangen nicht, daß alle Dienste aufgehoben werden, sondern sie wollen nur dienen, „wie unsere Eltern gedient haben, allein nach Inhalt des Wortes Gottes". Wenn ein Herr mehr Dienste verlangt als ihm zusteht, so will der Bauer, wie der siebente Artikel besagt, „willig und gehorsam sein, doch zu einer Stund und Zeit, da es dem Bauern nicht zum Nachteil dient, und er soll ihm (dem Herrn) um einen gebührenden Pfennig Dienst tun". Im achten Artikel verlangen sie, daß alle Pachtzinsen neu geschätzt werden sollen. Zum neunten sollen alle willkürlichen Strafen abgestellt und zum zehnten alle Gemeindewiesen und -äcker vom Herrn zurückgegeben werden. Der nächste Artikel wendet sich gegen den Todfall, der immer von den Bauern als harte Belastung empfunden wurde. „Zum elften wollen wir den Brauch, genannt den Todfall, ganz und gar abgetan haben, den nimmer leiden, noch gestatten, daß man Witwen und Waisen das Ihre wider Gott und Ehre also schädlich nimmt und raubt." „Zum zwölften ist unser Beschluß und endgültige Meinung, wenn einer oder mehrere Artikel dem Wort Gottes nicht gemäß sind, so wollen wir dann nicht diese Artikel aufrechterhalten." Mit diesem schlichten Ausdruck der Mäßi=

Die 12 Hauptartikel der Bauern. Titelholzschnitt
Druck L. bei Hans Schönsperger in Augsburg 1525

gung und Gottesfurcht schließt die berühmte Urkunde, die weit über alle anderen Zeugnisse der Bewegung sich erhebt.

Bis in den März 1525 fehlte das flammende Manifest, in dem die allgemeinen Wünsche zusammenflossen. Auch heute noch weichen trotz zahlreicher scharfsinniger Untersuchungen die Ansichten über Heimat, Entstehungszeit und Verfasser der zwölf Artikel voneinander ab. Im allgemeinen ist darüber Einhelligkeit, daß die Heimat in Oberschwaben zu suchen ist. Schwieriger ist schon die Frage nach dem Verfasser, und je nachdem, wie die Entscheidung fällt, hängt damit die Frage nach der Entstehungszeit zusammen. Zwei Meinungen stehen sich im wesentlichen gegenüber. Nach der einen ist der Feldschreiber der Bauern, der schreibselige einstige Kürschner Sebastian Lotzer, der Verfasser, der dabei von dem starkgeistigen revolutionären Prediger von Memmingen, Christoph Schappeler, unterstützt worden sei. Nach der andern Ansicht stammen die Artikel von Balthasar Hubmaier, der damals das Haupt der Schwärmer in der Stadt Waldshut war. Je nach der Auffassung verschiebt sich damit die Zeit der Entstehung, die zwischen Januar und Anfang März liegen kann.

Zum erstenmal erfahren wir von ihnen am 19. März, wo sie auf dem Ulmer Markte feilgeboten wurden. Am 24. wurden sie bereits in München verboten, und bis Ende Mai kamen gegen dreiundzwanzig verschiedene Drucke heraus. Die zwölf Artikel sind ebenso Entschuldigungs= wie Anklageschrift, die zeigen soll, daß alle Forderungen der Bauern mit dem göttlichen Wort übereinstimmen. Darum sprechen sie von den Bauern nur in der ersten Person, anders die Einleitung, die naiv auseinandersetzt, daß jeder, der gegen die Bauern vorgeht, als ein Feind des Evangeliums betrachtet werden muß. Als Ganzes sind die zwölf Artikel durchaus nicht umstürzend, sondern bleiben weit hinter radikalen Forderungen zurück, die da und dort erhoben wurden. Aber zweifellos zeugen sie von dem hohen politischen Verstand der Verfasser, die vor jeder radikalen Ausschreitung sich hüten. Was in Windeseile in flüchtig gedruckten Exemplaren durch die deutschen Lande bis hinauf nach Estland flog, das faßte in bündigen Worten zusammen, was der Bauer sich erträumt hatte, und was längst in den Köpfen lebte. Die Berufung auf das göttliche Recht als den eigentlichen Kern verlieh den Bauern den Glauben an die Billigkeit ihrer Wünsche, durch deren Erfüllung sie völlig frei geworden wären. Wäre das eingetreten, so hätten sie Teilnahme am politischen Leben der Territorien errungen, und niemals hätten sie so herabgedrückt werden können, wie es im siebzehnten und achtzehnten Jahrhundert vielerorts geschah, und wie schon Zeitgenossen kaum ein Menschenalter später feststellten. Indessen mancherlei stellte sich hemmend in den Weg, daß

Plünderung eines Klosters durch die Bauern. 1525
Gleichzeitige Federzeichnung aus J. Murer, Bauernkrieg um Weißenau

das agrarische Programm der zwölf Artikel nicht verwirklicht wurde. Einmal fehlte es am guten Willen bei den Grundherren, die sich nur zwangsweise der Bewegung anschlossen, zum andern förderte zwar das Evangelium des göttlichen Rechts die Propaganda unter den Bauern, aber gehörte zu jenen dehnbaren Schlagworten, unter denen jeder sich etwas anderes vorstellen konnte und mit denen sich auseinanderzusetzen große Schwierigkeiten schuf. Die Bauern hatten dem dadurch abzuhelfen gesucht, daß sie eine Reihe von Männern als berufene Aussprecher des göttlichen Rechts bezeichneten.

Auch im März blieben die Bauern noch in der Abwehr, obwohl sie eine feste Organisation besaßen und viele tausend Mann stark waren. Vom Adel verlangten sie allein, die Schlösser nicht zu befestigen, noch mit stärkeren Mannschaften zu versehen. Der Schwäbische Bund lehnte zwar ab, die christliche Vereinigung der Bauern anzuerkennen, aber vermied jeden Zusammenstoß. Im Gegenteil, er verhandelte mit einzelnen Abteilungen, um die Bauern zu spalten. So fanden sich am 22. März in Ulm sechs bäuerliche Abgeordnete mit einer brieflichen Instruktion ein. Dieser Sechserausschuß sollte zu einer friedlichen Schlichtung der Streitpunkte kommen; wenn das nicht zu erreichen war, sollte ein Schiedsgericht aus vier Laien eingesetzt werden, das spätestens in einem halben Jahre endgültig entscheiden würde. Bis dahin sollten alle herkömmlichen Leistungen bestehen bleiben. Dafür war den Aufständischen völlige Straflosigkeit zugesichert worden. Beide Teile waren bis zum 2. April an diesen Vorschlag gebunden, bis zu welchem Termin Waffenruhe bestehen sollte. Wenn die Bauern diesen Vorschlag angenommen hätten, so hätte das ihre Machtlosigkeit bedeutet. So wurde der Ausschuß bei seiner Rückkehr übel empfangen, und bereits hier offenbarte sich ein großer Mangel an Zucht und Ordnung. Die Bauern hielten sich an die Abmachungen ihrer Abgeordneten nicht gebunden. Wieder war es der Baltringer Haufe, der rücksichtslos Ende März den offenen Kampf aufnahm. Bezeichnend sind die Worte ihres Führers, des Pfarrers Wehe in Leipheim, der da predigte, „er wolle keine Messe mehr halten, und wenn es nicht wider brüderliche Liebe wäre, so wolle er gern, er hätte so viel Menschen umgebracht, als er Messen gelesen". Mit solchen Worten wurden die Leidenschaften der Bauern nur noch mehr erregt. Klöster wurden gestürmt, altgläubige Pfarrer vertrieben, deren Behausungen verwüstet. Aber auch der Adel mußte mehr darunter leiden. Schon am 19. März hatte man Schloß Stetten bei Sonthofen eingenommen, belagerte bald Kloster Weingarten und Schloß Trauchburg. Bei der Eroberung des Klosters Ottobeuren spielte ein Landsknecht den Abt. „Die possierlichste Figur machte ein elender Söldner von Suntheim, ein Mann, der an hoher Einbildung wenige seinesgleichen fand. Dieser trat mit Genehmigung seiner hohen Gefolgschaft plötzlich als regierender Herr und Abt auf, nahm die Abteizimmer ein, wählte sich eine gleichschrötige, zahlreiche Dienerschaft, hing sich die Abteischlüssel an seinen wohlbeschnallten, ledernen Söldnergurt, forderte alle Abend die Schlüssel der Klosterpforte aufs Zimmer, trug sich alltäglich zur Schau und Verehrung mit einem starren Kopf und Auge in den Klostergebäuden in Begleitung seiner Kammerknechte umher, hielt sich eine auserlesene starke Leibwache, bot allen ankommenden Standesgenossen, die ihm den Hof machten, seine Huld und Gnade in vollen Schüsseln und vollen Trinkbechern und schmauste mit ihnen bis in die späte Nacht so lange, bis seine Unwürdige Gnaden, vollgefüttert und ebenso bezecht, des Kammerdienstes benötigte und durch mehrere Hände zur Nachtruhe befördert wurde." Ohne sonderlich auf Widerstand zu stoßen, zog man durch die Gegend, und es tauchte der Plan auf, auch Ulm, den Sitz des Schwäbischen Bundes, zu nehmen. Da boten sich am letzten Märztage die „oberen Städte" den Bauern als Richter an, um dem Unheil zu wehren, und die Bauern nahmen abermals in Memmingen diesen Vorschlag an. Der Schwäbische Bund gab scheinbar nach, aber um dieselbe Zeit suchte er die Seebauern von den Baltringern zu trennen. Indessen von beiden Teilen wurde der Waffenstillstand nicht beachtet. Von den Bauern, weil sie im besten Zuge waren, die Bewegung auszubreiten, von dem Feldherrn des Schwäbischen Bundes, dem Truchseß Georg zu Waldburg, dem sogenannten Bauernjörg, nicht, weil er endlich Verstärkung bekommen hatte. Am Schluß dieses Monats rückte er mit etwa achttausend Landsknechten und tausend Reisigen vor und schlug am 4. April bei Leipheim an der Donau einen mehrere tausend Mann starken Haufen, ohne ernstlichen Widerstand zu finden. Über diese Schlacht berichtet der Schreiber des Truchsessen: „Der Truchseß war mit dem bündischen Heere weitergezogen und stieß zuerst mit dem Rennfähnlein auf die Bauern, die zu Günzburg und Leipheim lagen. Sie standen bei Bühl an einem Gehölz auf einer Anhöhe gegen viertausend Mann stark in guter Stellung. Denn an der einen Seite hatten sie das Gehölz, an der anderen ein Gewässer, so hatten sie nichts zu fürchten. Dazu war vor ihnen ein Moos und hinter ihnen ihre Wagenburg. Sie stellten sich ganz meisterlich auf, als ob sie standhalten wollten, schossen ernsthaft auf die Reisigen und zogen so die anderen Reisigen und das Fußvolk heran. Als die Bauern des Bundes Heer sahen, wollten sie rückwärts zu denen, die ihnen zu Hilfe kommen sollten und noch in den beiden Städten Leipheim und Günzburg lagen. Da kam es bei ihnen zur Flucht. Nun konnten die Bündischen auf dem nächsten

Wege nicht zu ihnen gelangen wegen des Mooses, das zwischen ihnen lag, und als sie das umgehen wollten, sahen sie einen neuen Bauernhaufen. In den sprengte der Truchseß mit dem Rennfähnlein. Sie setzten sich zur Wehr, doch nicht länger, als bis es zum Treffen kam, dann ergriffen sie die Flucht. Noch waren die anderen, die zuerst geflohen waren, rückwärts auf der Seite des Rennfähnleins und hofften, in die Stadt Leipheim zu kommen. Das merkte der Truchseß, der die Gegend gut kannte, und schrie den Knechten zu, die vor ihm herrannten, sich auf das steinerne Kreuzbild zu wenden. Dadurch schnitten sie den Bauern den Weg zur Stadt ab und erstachen ihrer viele. Da floh ein Teil der Bauern wieder rückwärts und fiel nun den andern Reitern in die Hand. Die wurden alle erstochen, und eine große Anzahl, die an der Donau entlang lief, fiel in das Wasser wie die Schweine und ertrank größtenteils. Nun lag Leipheim gegenüber das Kloster Elchingen. Was dort den Hessen entronnen war, floh auf Leipheim zu; und was zu Leipheim über die Donau schwamm, fiel den Hessen in die Hände. So wurden gegen viertausend Bauern erstochen und ertränkt.

Noch lag in beiden Städten eine treffliche Anzahl Bauern. Inzwischen kam zu allererst das Fußvolk nachgezogen, dann führte Herr Georg das Geschütz auf einen Platz bei dem steinernen Kreuz in der Absicht, Leipheim zu beschießen, zu erstürmen und alles zu erwürgen, was darinnen wäre. Aber die von Leipheim schickten einen alten Mann und etliche Weiber heraus und baten um Gnade. Also ward beschlossen, sie auf Gnade und Ungnade anzunehmen, doch sollten sie ihren Prediger (Jakob Wehe) sogleich übergeben. Der war ihr Hauptmann gewesen, war mit ihnen gezogen, hatte die Klöster und Edelleute plündern helfen, auch zum Volke gepredigt, zum Aufruhr angestachelt und gesagt, sie sollten unverzagt sein, der Bündischen Büchsen würden sich durch besondere Schickung Gottes umkehren und auf sie selbst schießen, desgleichen die Spieße, und noch andere mehr zum Aufruhr reizende Reden. Das merkte der Prediger und ließ sich von der Stadtmauer herabfallen. Da ereilte ihn ein Fußknecht und übergab ihn dem Truchseß, der ihn über Nacht gefangen hielt.

Also ritt der Truchseß mit Graf Wilhelm von Fürstenberg zu den Landsknechten und sagte: ‚Die Stadt ist gewonnen und von den Ständen des Bundes zu Gnade und Ungnade aufgenommen. Weil ich euch aber zugesagt habe, sie von euch erobern zu lassen, will ich euch die fahrende Habe in der Stadt übergeben. Doch ihr sollt nicht plündern, sondern Geld dafür nehmen.' Das tat er, weil er fürchtete, es könnte des Plünderns zuviel werden und ihm die Knechte dann entlaufen ...

Die Bürger und Bauern wurden in den beiden Städtlein diese Nacht in die Kirche gefangengelegt bis zum Morgen. Dann nahm man sechs oder sieben Rädelsführer und enthauptete sie mit ihrem Hauptmann, dem Pfarrer zu Leipheim. Als man den Pfarrer hinausführte und richten wollte, sprach Herr Georg: ‚Pfarrer, das hättet ihr euch und uns wohl ersparen können. Hättet ihr das Wort Gottes, so wie es sich für euch geziemt, und den Frieden gepredigt, so würdet ihr jetzt nicht in Not sein und wäret sicher vor mir.‘ Darauf antwortete er: ‚Gnädiger Herr, mir geschieht Unrecht. Ich habe nichts Aufrührerisches gepredigt, sondern das göttliche Wort.‘ Sprach der Truchseß: ‚Ich habe ganz anders erfahren. Wäret ihr ein evangelischer Mann, hättet ihr nicht geholfen, den Leuten das Ihre wegzunehmen. Darum befehlt eure Sache Gott!‘ Zuerst richtete man die Rädelsführer, den Pfarrer zuletzt. Als er in den Ring trat, fragte ihn Herrn Georgs Kaplan, ob er beichten wolle. Da sagte er: ‚Nein! Liebe Herren, ich bitte euch, daß ihr euch über mich nicht ärgern wollt, daß ich nicht beichte, denn ich habe Gott, meinem himmlischen Vater, gebeichtet, der mein Herz besser als andere kennt.‘ Ehe man anfing zu richten, tröstete der Pfarrer seine Untertanen und sprach: ‚Seid getrost, denn heute wollen wir beieinander im Paradiese sein.‘ Er hob seine Augen auf und sprach: ‚Großmächtiger Gott, ich sage dir Lob und Dank, daß ich um deines göttlichen Worts sterben soll und du mich aus diesem Jammertale zu dir nehmen willst, nicht um des göttlichen Wortes, sondern um des Aufruhrs willen.‘ Darnach hub er an, einen lateinischen Psalm zu beten: ‚In te domine speravi‘ und sprach: ‚Vater, vergib ihnen, denn sie wissen nicht, was sie tun. — Nicht um meiner Gerechtigkeit, sondern um ihrer Unwissenheit willen.‘ Inzwischen führte ihn der Scharfrichter auf den Richtplatz. Er kniete nieder und sprach: ‚Vater, in deine Hände befehle ich meinen Geist.‘ Dann wurde er gerichtet."

Weitere Schwierigkeiten ergaben sich wegen der Beute, denn den Landsknechten war ein Monatssold versprochen; den sollten die gefangenen Bürger und Bauern bezahlen, was ganz unmöglich war. „Die Knechte aber beharrten auf ihrem Vorhaben. Dazu kam, daß sie das Geld vom Bunde haben wollten, lagen mehr als acht Tage still, und es war eine große Meuterei unter ihnen. Damit war der Truchseß übel zufrieden, denn der Seehaufe und seine eigenen Bauern lagen vor seinen Schlössern Wolfegg und Waldsee. In summa, wollte der Bund die Knechte gebrauchen, mußte er sich mit ihnen vertragen. So ward der Truchseß und Graf Wilhelm Bürge und verschrieben sich, das Geld in einem Monat zu bezahlen. Das geschah vom Bund ehrlicherweise." So sehen wir die Schwierigkeiten, die sich für den Bund ergaben, zugleich aber auch die Grausamkeit der fürstlichen Herren, die weit über die der Bauern hinausgeht. Darauf wandte sich der Truchseß gegen sein eigenes Gebiet und besiegte nach längerem Ge=

schützkampf eine größere Abteilung bei Wurzach am 14. April. Das Schlachtfeld sah aus, wie ein zeitgenössischer Chronist bemerkt, „als hätte es Ochsen geregnet". Die Geschlagenen suchten Anschluß an die Seebauern, die etwa fünfzehntausend Mann stark bei Gaisbeuren standen. Der Truchseß zog gegen sie, aber konnte sie wegen des Sumpfes nicht angreifen, sondern nur beschießen. Die Bauern glaubten sich verraten und zogen noch am 15. April durch den Wald nach dem Kloster Weingarten bei Ravensburg, wo sie eine feste Stellung jenseits des Schussen einnahmen. Eilends schickten sie Boten, Verstärkungen vom See, aus dem Allgäu und sogar aus dem Schwarzwald zu holen. Sie waren gut mit Geschützen versehen, die auf einer beherrschenden Anhöhe aufgestellt waren, und außerdem hatten sie eine Reihe tüchtiger erfahrener Landsknechte bei sich. Da ferner mehr als zehntausend Bauern sich im Anmarsch befanden, war die Lage des Truchsessen nicht übermäßig günstig, zumal der Bund keine weiteren Verstärkungen schicken konnte und der Truchseß höchstens über neuntausend Mann verfügte. Da auf beiden Seiten der Wunsch nach Verhandlungen vorhanden war, führten diese zum Weingartner Vertrag vom 17. April, der den Bauern, wenn sie nach Hause gingen, die gütliche Abstellung ihrer Beschwerden zusicherte. Über diesen Vertrag ist verschieden geurteilt worden. Zweifellos war er ein Erfolg des Truchsessen, denn er bedeutete die Auflösung der christlichen Vereinigung der Seebauern. Fußfällig baten sie um Verzeihung, lieferten ihre Fähnlein aus, gaben das göttliche Recht als Rechtsgrundlage auf und anerkannten das ordentliche Recht. Dem Truchsessen dagegen hat man vorgeworfen, er wolle nur sein eigenes Gebiet schützen, während tatsächlich die Sache des Bundes auf der Schneide stand. Denn der Truchseß konnte leicht überfallen werden, und bei einer Niederlage war das einzige Heer des Bundes erledigt. Daß die Bauern auf diesen Vorschlag eingingen, beweist, daß bei ihnen der Wunsch nach Ruhe und einem lebenswerten Dasein alles andere überwog. Nur der kluge Kanzler Eck des bayrischen Herzogs sah tiefer und weiter, wenn er am 26. April schreibt: „Der Krieg ist nicht aus, und ich hab Sorge, er werde sich allererst recht anfangen." Das erschien zunächst unberechtigt, da auch am 22. April von den Allgäuern der Vertrag angenommen worden war.

Luther sah in dem Vertrag eine besondere Gnade Gottes, denn auch sein Name war mittelbar in die bäuerliche Bewegung hineingezogen worden, während er selbst bisher in keiner Weise den Bauern nähergetreten war. Nur seine Schriften hatten die Bauern ergriffen und waren von ihnen nach ihrem Sinn ausgelegt worden. Schon in der „Bundesordnung der Bauern" vom 7. März war der Reformator neben anderen als Ausleger des göttlichen Rechtes genannt worden.

Sobald er von den zwölf Artikeln der Bauern gehört hatte, wollte er sie zur Vernunft bringen. „Und mir, der ja auch als einer gerechnet ist unter die, die göttliche Schrift jetzt auf Erden behandeln, zumal aber gibt es mir, da sie mich mit Namen auf dem andern Zettel nennen, desto größeren Mut und Zuversicht, meinen Unterricht in freundlicher christlicher Meinung nach brüderlicher Liebe Pflicht öffentlich an den Tag zu geben, damit nicht durch mein Schweigen mir vor Gott und der Welt auferlegt werde, wenn sich etwa Unrat und Unfall daraus entspänne." So entstand in den Tagen vom 19. und 20. April 1525 in Mansfeld die Schrift „Ermahnung zum Frieden auf die zwölf Artikel der Bauernschaft". Allerdings die rechte Friedensschalmei blies Luther darin nicht, denn er wollte zeigen, daß weder Bauern noch Herren rechte Christen und daß auf keiner Seite das volle Recht zu finden sei. Ihm kam es darauf an, die Verbindung dieser Bewegung mit dem Evangelium, von Weltlichem und Geistlichem klar und deutlich zu scheiden, und vor allem wollte er die Rechte der Obrigkeit gewahrt wissen. Daher empfahl er den ersten Artikel abzuändern. Die Gemeinde solle den Pfarrer nicht selbst wählen, sondern ihn von der Obrigkeit erbitten. Nur wenn diese es ablehne, solle sie ihn wählen. Den zweiten und dritten Artikel verwarf er als unberechtigte Übergriffe in fremde Rechte, und die übrigen sollten nicht als christliche, sondern als rechtliche Fragen behandelt werden, zu deren Entscheidung er ein Schiedsgericht vorschlug. Wenn er auch darauf hinwies, daß die zwölf Artikel dem Evangelium widersprächen, so redete er doch mit den Bauern im allgemeinen sanfter als mit den Herren. „Weil nun, liebe Herren, auf beiden Seiten nichts Christliches ist, sondern beide, Herren und Bauern, um heidnisch oder weltlich Recht und Unrecht und um zeitlich Gut zu tun haben, dazu auf beiden Seiten wider Gott handeln und unter seinem Zorn stehen, so laßt euch um Gottes willen sagen und raten und greift die Sache an, wie solche Sachen anzugreifen sind. Das ist mit Recht und nicht mit Gewalt, noch mit Streit, auf daß ihr nicht ein unendlich Blutvergießen in deutschen Landen anrichtet. Denn weil ihr beide Teile im Unrecht seid und dazu euch selbst noch rächen und schützen wollt, werdet ihr euch auf beiden Seiten verderben, und Gott wird einen Buben mit dem andern stäupen. Ihr Herren habt wider euch die Schrift und Geschichte, wie die Tyrannen gestraft worden sind. Weil denn gewiß ist, daß ihr tyrannisch und wütig regiert, das Evangelium verbietet und den armen Mann so schindet und drückt, habt ihr weder Trost noch Hoffnung, als daß ihr umkommt, wie euresgleichen umgekommen sind.

Ihr Bauern habt wider euch Schrift und Erfahrung, daß nie eine Rotterei ein gutes Ende genommen hat, und Gott hat immer streng über dies Wort gehalten: ‚Wer das Schwert nimmt, soll durchs Schwert umkommen.‘ Weil ihr denn Unrecht tut, daß ihr euch selbst richtet und rächt und dazu den christlichen Namen unwürdig führt, seid ihr gewiß auch unter Gottes Zorn. Und wenn ihr gleich gewönnet und alle Herrschaft verdürbet, würdet ihr euch doch zuletzt selbst untereinander wie die wütigen Bestien zerfleischen müssen. Denn weil kein Geist, sondern Fleisch und Blut unter euch regiert, wird Gott bald einen bösen Geist unter euch senden."

Während Luther diese Ermahnung schrieb, hatte die Bewegung in Oberdeutschland schon weiter um sich gegriffen. Als er dann von dem Weingartner Vertrag, der durch den Druck rasch bekannt wurde, erfuhr, hielt er ihn für ein Mittel, die Streitigkeiten endgültig zu begraben, und so gab er ihn mit einem Vorwort und einer Schlußrede neu heraus, als „Vertrag zwischen dem löblichen Bund zu Schwaben und den zwei Haufen der Bauern vom Bodensee und Allgäu". „Das kann niemand leugnen, daß unsere Bauernschaft gar keine rechte Sache hat, sondern mit trefflichen schweren Sünden sich beladen und Gottes unerträglichen und schrecklichen Zorn über sich erweckt, dadurch daß sie Treue, Huld, Eid und Pflicht, so sie ihrer Obrigkeit beschworen haben, brechen, sich wider die Gewalt, die von Gott verordnet und geboten ist, frevelhaft setzen, sich selbst rächen und das Schwert nehmen . . . Aber die Bauern haben nicht genug damit, daß sie treulos, meineidig, ungehorsam und frevelhaft wider Gottes Ordnung toben, sondern sie plündern auch, rauben, nehmen, wo sie können, wie die öffentlichen Straßenräuber und Mörder, die den Landfrieden und die Hauswehr zerstören. Und was noch das allerärgste ist, sie treiben solch wütendes Toben und so greuliche Laster unter dem christlichen Namen . . . O weh, und abermals weh euch verdammten falschen Propheten, die ihr das arme einfältige Volk zu solchem Verderben ihrer Seele und vielleicht auch Verlust Leibes und Gutes verführt. Denn welcher Bauer bei solchem Vorhaben gefunden und umgebracht wird, der wird als ein Treuloser, Meineidiger, Räuber, Mörder, Gotteslästerer und Christenfeind erwürgt. Wo der hinfahren wird, das können euch auch die Kinder wohl sagen! . . . Euer Unrecht ist zu groß und zu hoch; Gott kann es nicht länger leiden. Gebt euch zum Frieden im Vertrag, ob's auch gleich mit leiblichem Schaden geschehen müßte." Deutlich ist an dem schärferen Ton zu erkennen, wie Luther von den Bauern mehr und mehr abrückt. Aber trotz aller schlimmen Nachrichten hatte er noch Hoffnung, daß sich alles zum Guten wenden würde.

So war Oberdeutschland scheinbar beruhigt, und es hing alles davon ab, ob die Bauern den angenommenen Vertrag wirklich halten würden. Der Truchseß hatte freie Hände bekommen und konnte sich

nach Württemberg und Franken wenden, von wo ihm fortgesetzt
Hilferufe der bedrohten Fürsten und Städte zugegangen waren. Denn
inzwischen hatte der Aufruhr über die engen Grenzen Oberdeutsch=
lands hinaus ganz Süd= und Mitteldeutschland ergriffen.

Zwischen Main und Tauber

Anfang April stand der ganze Süden vom Elsaß bis nach Tirol
und Kärnten in hellem Aufruhr, und viele kleinere und größere
Städte waren auf die Seite der Bauern getreten. Im einzelnen
war die Art der Erhebung sehr verschieden, und das ist immer wieder
zu betonen, daß große Zusammenhänge in dieser Bewegung nicht zu
finden sind. Kluge Fürsten, wie die bayrischen, verstanden durch ge=
eignete Maßregeln die Bewegung bald in geordnete Bahnen zu lenken.

Noch im März hatte der Aufstand auf die Gebiete nördlich der
Donau übergegriffen, und die leichteren, beweglicheren Franken tru=
gen zugleich ein radikaleres Element in ihn hinein. Bei der Erhebung
in Franken handelt es sich fast mehr um eine kleinbürgerliche Bewe=
gung, die wilder, verzettelter und in ihren Äußerungen gesteigerter ist,
die aber auf der anderen Seite auch einzelne bedeutende Köpfe hervor=
gebracht hat. Mit mehr Wut als in Oberschwaben ging man hier
vor und erreichte auch zeitweilig mehr Erfolge. Der fränkische Auf=
stand begann im Gebiet der Reichsstadt Rothenburg. Dort rotteten
sich am 21. und 22. März die Bauern in Ohrenbach und Brettheim
zusammen, bildeten am Tage darauf einen gemeinsamen Haufen und
forderten die umliegenden Ortschaften zum Beitritt auf. Sie zogen in
der Umgegend herum, zwangen andere Dörfer Rothenburgs zum An=
schluß und wählten Hauptleute. In ihren Beschwerdeartikeln, die sie
an den Rat eingaben, verlangten sie Erleichterungen an Steuern und
Zöllen. Noch vor Monatsende war der Haufen bereits auf etwa drei=
tausendfünfhundert Mann angeschwollen. Der Rat zu Rothenburg
wurde aber nicht nur von den Bauern, sondern auch durch eine Be=
wegung in der Stadt bedroht. Diese ging einmal von den Evangeli=
schen aus, die unter dem Einfluß Karlstadts standen, der wiederholt
in der Stadt weilte. Daneben aber waren die unteren Schichten der
Bevölkerung dem aristokratischen Rat feindlich gesinnt und bean=
spruchten Anteil am Stadtregiment, von dem sie ausgeschlossen waren.
Beide Gruppen hatten zunächst miteinander keine Beziehungen, eben=
sowenig auch mit den Bauern. Seit 1524 hatte sich die evangelische
Lehre in Rothenburg verbreitet, und jetzt zum ersten Male traten ihre
Bekenner mit Forderungen an den Rat offen hervor. In dieser Be=
wegung spielte ein Adliger, Stephan von Menzingen, eine besondere

Weingartner Vertrag. 1525
Gleichzeitige Federzeichnung aus J. Murer, Bauernkrieg um Weißenau

Rolle, ohne daß völlig klar wird, welche Ziele er verfolgte. Bereits am 24. März beriet der Rat über Maßnahmen gegen die Bauern, die gewaltsam niedergehalten werden sollten. Ein großer Teil der Gemeinde lehnte das ab, verlangte vielmehr Verhandlungen, um deren Beschwerden kennenzulernen. Gleichzeitig wurde ein Ausschuß von zweiundvierzig Gemeindemitgliedern auf Vorschlag Menzingens gebildet, bei dem die Zünfte und Bauern ihre Beschwerden einreichten. Es kam zu wüsten Auftritten, die Marienkapelle wurde gestürmt, das Kruzifix abgeschlagen, Mönche und Nonnen verließen die Klöster und traten ins bürgerliche Leben. Der Vorschlag Menzingens, daß Karlstadt mit den Bauern verhandeln sollte, wurde vom Rat abgelehnt. Damit war deutlich, daß an ein entschiedenes Auftreten gegen die aufständischen Bauern nicht zu denken war, die schon am 26. März unter drohenden Worten an der Stadt vorüberzogen. Die Stadt hatte mit sich selbst zu tun, die aufständischen Elemente in ihr schlossen sich enger zusammen, und am 12. April kam es zur sogenannten „Neuen Ordnung" der Stadt, d. h. die alte bürgerliche Ehrbarkeit wurde gestürzt und ein neuer Rat auf demokratischer Grundlage eingesetzt. Die Steuern wurden gemildert, die Geistlichen konnten Bürger werden, aus dem geistlichen Stande austreten und heiraten. Von diesem Augenblick an war das Schicksal der Stadt entschieden, und es war nur eine Frage der Zeit, wann die Stadt mit den Bauern sich verbinden würde. Das geschah am 10. Mai in Heidingsfeld durch den Altbürgermeister Kumpf, und Florian Geyer, der bekannte Ritter, bewog den Rat zur tatkräftigen Unterstützung der Bauern, denen auch zwei Feldschlangen geliefert wurden.

Neben dem Haufen der Rothenburgischen Bauern hatte sich an der Tauber in der Umgegend von Mergentheim und Lauda ein zweiter Haufen gebildet, den man gewöhnlich den Tauberhaufen nennt, und der mächtiger als der andere wurde. Er suchte die Gebiete des Deutschen Ritterordens und des Bischofs von Würzburg zu gewinnen, ohne auf ernsthaften Widerstand zu stoßen. Die Amtleute hatten nur wenige Knechte, die Schlösser selbst waren schlecht verteidigt. Am widerstandsfähigsten waren an sich die Städte, aber diese machten, durch die niederen Schichten veranlaßt, mit den Bauern gemeinsame Sache. So traten die meisten fränkischen Städte auf seiten der Bauern. Das war für diese um so wichtiger, weil sie dadurch wertvolles Kriegsmaterial, besonders Geschütze, gewannen. Durch all diese Umstände waren die beiden mächtigsten Herren, der Deutsche Ritterorden und der Würzburger Bischof, notgedrungen gezwungen, jeden Widerstand aufzugeben und zu verhandeln. Diese Verhandlungen wurden dadurch erschwert, daß die Bauern schon Anfang April selbstbewußt die evangelische Lehre als Richtschnur für alle Verhandlungen in Anspruch nahmen. Der Tauberhaufe, durch seine leichten Erfolge berauscht, nahm die Leitung der Dinge in die Hand und veranlaßte die Rothenburger, in ihre Heimat zurückzukehren.

Um dieselbe Zeit bildete sich im Schüpfergrund, der bei Königshofen zur Tauber abfällt, ein neuer Haufe aus den Bauern des Odenwalds, die unter die Führung des Wirtes Georg Metzler gerieten. Dieser, eine verkommene Existenz, fand an dem fröhlichen gesetzlosen Treiben seine besondere Freude. Rasch vergrößerte sich der Haufe, worüber eingehend der Chronist Peter Harer berichtet: „Insonderheit erhob sich auf Anstiften des Georg Metzler, der ein Wirt in dem mainzischen Flecken Ballenberg war und seine Tage größtenteils mit Spielen, Prassen und allem leichtfertigen Wesen zugebracht hatte, ein Zusammenrotten und Zusammenlaufen aus allen umliegenden Orten, stürmisch und in Haufen, gleich wie bei Bienen, die schwärmen. Sie nahmen die oben erwähnten zwölf Artikel an unter dem Anschein, das Wort Gottes dadurch zu beschirmen und gleichsam zu handhaben, doch sie waren willens, alle göttlichen, menschlichen und langhergebrachten guten Gesetze, Regierung, Ordnung, friedliches Wesen und Einigkeit umzustoßen. Zum ersten Male versammelten sich um den Sonntag Lätare (26. März) viele Bauern aus der Rothenburgischen Landwehr, ungefähr gegen zweitausend, danach täglich, ja fast stündlich, dazu noch eine gute Summe pfalzgräflicher, mainzischer, würzburgischer, deutschherrischer Bauern und Bauern der Ritter und anderer Herrschaften, im Schüpfgrund und im Odenwald. Sie kamen also in kurzer Zeit zu Hauf, und es ward der genannte Georg Metzler als oberster Hauptmann eingesetzt, obwohl sie daneben noch viel Hauptleute und eine gute Ordnung hatten, so daß sich schier ein jeder eine solche Gewalt bei Besetzung der Ämter und der Ausrüstung anmaßte, wie Kriegsleute, die sich nach ihrem besten Vermögen ausrüsten. Sie fingen an, um sich zu greifen, nahmen, wo sie etwas fanden, forderten und zwangen die andern, die nicht mitziehen wollten, ihrem Tun bei- und anhängig zu sein unter der Drohung, diejenigen, die sich dessen weigerten, aufzusuchen und bei ihnen zu hausen. Damit haben sie sich gehäuft und in kurzer Zeit erschrecklich gemehrt ... Darnach haben sie das Kloster Schönthal eingenommen, die Mönche verjagt, ihnen alles, was sie im Kloster Gutes hatten, wie Frucht, Wein, Speisen, Vieh, Hausrat und anderes genommen, ihre Gesang- und andere Bücher zerrissen, die Fenster zerschlagen und also ihre brüderliche Liebe gegen die guten Herren nach türkischer Art erwiesen und bekundet.

Darnach zogen sie weiter in die Grafschaft Hohenlohe auf Öhringen zu. Der Grafen Bauern im hohenlohischen Lande hatten den Flekken Öhringen schon eingenommen und den Rat daselbst zum Teil in den Turm geworfen usw. Diese gesellten sich zu den andern, zogen miteinander am Montag nach Palmarum (10. April) nach dem Schloß Neuenstein oberhalb Öhringens, wo Graf Albrecht von Hohenlohe gewöhnlich Haus hielt, und nahmen es ein. Da nun genannter Graf samt seinem Bruder Graf Georg abwesend war, haben die Bauern das Schloß ohne besondere Nötigung in ihre Gewalt gebracht. Darin befand sich des Grafen Gemahlin. Die fiel dem obersten Kapitän zu Füßen in der Hoffnung, durch ihr klägliches Bitten vielleicht mildere Behandlung bei ihnen zu finden. Ihr aber wurde kein Erbarmen zuteil, sondern man beschloß, daß beide genannte Grafen am folgenden Tage zu ihnen, den Bauern, nach Neuenstein kommen und mit ihnen verhandeln sollten. Darauf zogen sie miteinander in das freie Feld, nahmen, wie es auch schon in Öhringen geschehen war, alles Geschütz, das im Schloß und Flecken gestanden, mit sich und hielten dem Grafen vor, es wäre des jetzigen Regiments und des hellen Haufens ernstlicher Wille und Meinung, daß beide Grafen die zwölf Artikel, die sie ihnen von Schönthal zugeschickt, anzunehmen und zu halten gelobten, auch daß sie alle die, die sie gefangenhielten und die Bürgschaft hätten leisten müssen, frei, ledig und losgeben sollten. Dazu begehrten sie, daß sie dies alles unter Brief und Siegel versprächen und bekräftigten, es hundertundein Jahre zu halten. Dies ist dann also von den Grafen angenommen worden. Darauf haben die Bauern zu Pomp und Pracht alle Geschütze abgeschossen, sodann mit den Grafen wegen des ihnen ausgeführten Geschützes geredet und es in ihren Besitz genommen. Darnach schieden sie ab ... Auch sonst flog dies Gespenst weiter. In dem Dorfe Flein, oberhalb Heilbronn, sind viele Bauern um den Sonntag Judica (2. April), als sie von des oben erwähnten Haufens Handlung hörten, zusammengelaufen, ungefähr zwölfhundert. Die haben gemeinsam in einer Furt zwischen Heilbronn und Stuttgart, die den Deutschherrn gehört, den Neckar überschritten und die Bauern zu Sontheim gezwungen, sich ihnen anzuschließen. Weiterhin sind sie nach Großgartach gezogen, haben dem Stift zu Bruchsal etlichen Wein, den sie dort in dessen Keller fanden, ausgetrunken und alle umliegenden Dörfer zum Anschluß zu bringen gesucht unter der Drohung, sie zu verderben, wenn es nicht gütlich geschehe. Also erschreckten sie manchen Biedermann, der sonst vielleicht seiner Herrschaft treu geblieben wäre. Von da zogen sie weiter nach Beilstein und Ottmarsheim. Als ihnen aber dort ihrem Vorhaben nach nicht alles gefiel, haben sie sich wieder auf Sontheim zugewandt und in den Dörfern Erlenbach und Binswangen gelagert. Dort haben sie nicht lange verweilt und auch nichts Besonderes ausgerichtet, ab=

gesehen davon, daß sie überall die Bauern aufwiegelten. Darnach haben sie sich nach Öhringen gewandt und sich endlich in der dortigen Gegend zu dem odenwäldischen Haufen geschlagen.

Als nun die beiden Haufen zusammengestoßen waren, sind sie miteinander auf Neckarsulm unterhalb Heilbronn gezogen. Das nahmen sie ein und gar leicht, weil die Einwohner ihnen wohlgesinnt waren. In der Stadt fanden sie guten Vorrat an Wein, Frucht und anderen Sachen, wovon sie eine große Menge mit sich nahmen."

Vom 4. bis 10. April hielt sich der Haufe der Odenwälder und der Neckartaler in dem Zisterzienserkloster Schönthal auf, wo immer neue Haufen zuströmten. Einmal kamen aus dem Gebiet der Grafen von Hohenlohe Scharen, die von Wendel Hipler geführt wurden. Dieser begabte Mann, den Götz einen „feinen geschickten Mann und Schreiber" nennt, stand ursprünglich im Dienste der Hohenlohe. Aber von Haß gegen seine einstigen Herren erfüllt, hatte er die Bauern aufgewiegelt, obwohl es diesen gut ging. In Öhringen begann die Bewegung, die schnell wuchs. Die Bauern stellten ihre an sich mäßigen Forderungen auf, die bewilligt werden mußten. Im Gebiete der Reichsstadt Heilbronn hatte sich unter dem rohen gewalttätigen Jäcklein Rohrbach, der durch allerlei Händel übel berüchtigt war, ein Haufe gebildet. Der Heilbronner Rat hatte ihn in seiner Heimat Böckingen verhaften lassen wollen, doch war er bereits entflohen. Ihm gegenüber verloren die Behörden an Mut und gaben nach. Schließlich rief eine Botschaft Hiplers Rohrbach nach Öhringen.

Auch im Gebiet der Reichsstadt Hall hatten sich die Bauern erhoben, aus augenblicklicher Erregung heraus. Darüber berichtet der Pfarrer Johann Herolt, der von den Bauern gezwungen wurde, mit ihnen zu ziehen, bis er durch das tragikomische Gefecht bei Gottwolshausen frei wurde: „Als der Haufe nach Eltershofen kam, war Rudolf von Eltershofen der junge zu Hall, und als er vernahm, daß die Bauern auf Eltershofen gezogen, kam er dahin, das Schloß vor den Bauern zu retten. Aber er kam zu spät; denn als er dem Schloß zuging, waren die Bauern davor und fingen ihn. Er mußte mit ihnen ziehen. Dann zogen sie Münckheim zu. Da brachen sie den Heiligenstock auf und nahmen das Geld heraus. Da schneite es allenthalben Bauern, daß ihrer bei viertausend waren, und sie glaubten, die von Hall könnten sich gegen soviel Bauern nicht regen. Der Frühmesser zu Enslingen sprach, er wolle das lieber tun, denn posieren bei dem Wein. Von Münckheim zogen sie gen Brachbach, von da dem Landturm zu. Da nahmen sie die Hakenbüchsen, nicht allein zu Brachbach, sondern aus allen Kirchen, denn auf jeder Kirche waren zwei Haken. Die führten sie auf Wagen mit sich, als ob es Vogelscheuchen wären. Es war auch

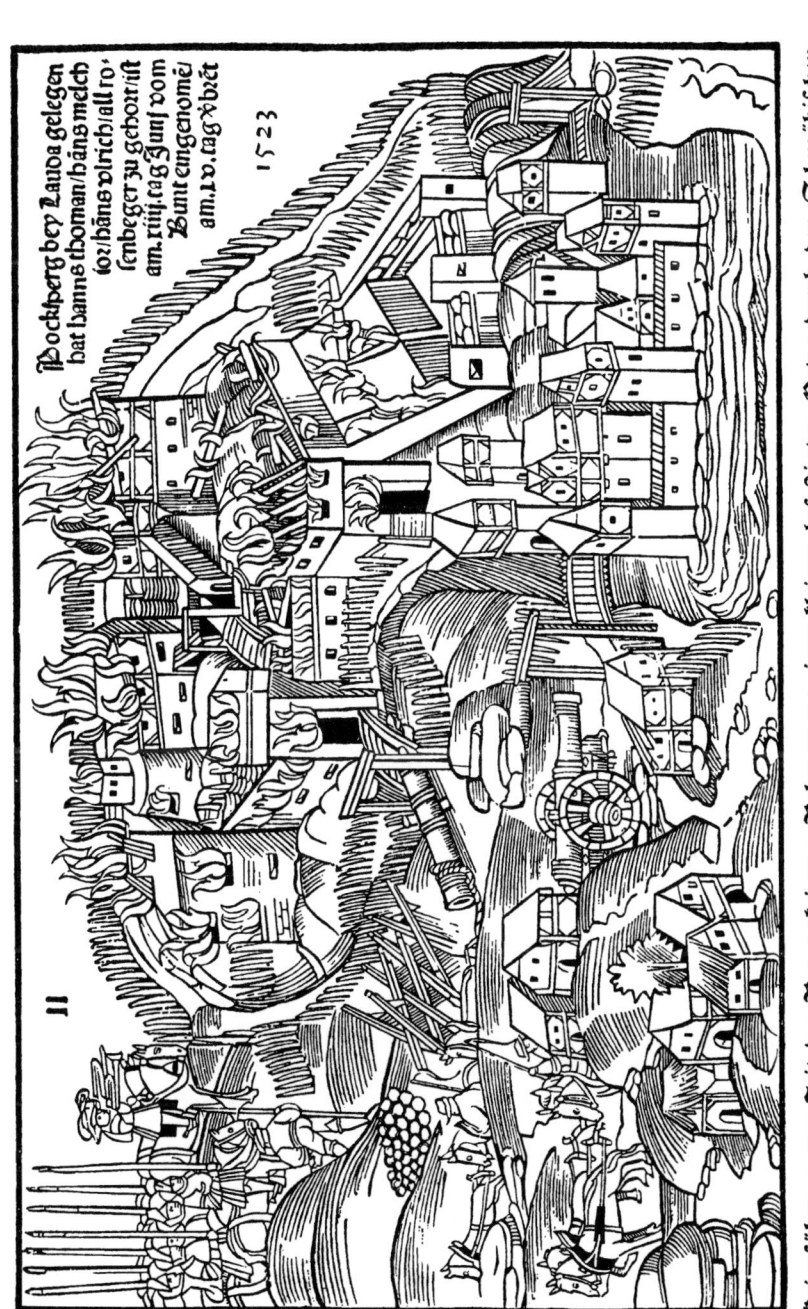

Kriegführung zur Zeit des Bauernkrieges. Belagerung eines kleinen befestigten Ortes durch den Schwäbischen Bund. 1525. Holzschnitt

niemand dazu abgeordnet, der damit schießen sollte, so sie bekämpft würden, sondern sie zogen, als ob sie auf eine Kirchweih ziehen wollten. Darnach zogen sie nach Geilenkirchen, und als der Pfarrer nicht daheim war, plünderten sie das Haus und kamen dann bis zur Schlucht bei Gottwolshausen. Da brach eben der Tag an. Als sie durch die Schlucht hindurch wollten, hatten die von Hall sie mit ihren Söldnern eingenommen. Die Bauern zogen sich zurück; die von Hall standen mit ihrem Geschütz hinter Gottwolshausen, die Bauern in der Schlucht. Es war noch sehr duster, daß die zwei Haufen einander nicht gut sehen konnten. Bauern waren es gegen viertausend, die von Hall etwa vier- bis fünfhundert mit fünf Falkonettlein; die Bauern aber hatten die Hälfte Büchsen. Als man das Ave Maria zu Hall läutete, griffen die von Hall die Bauern an, mehr aus Not, denn freiwillig, wahrlich mit erschrockenem Herzen und ungleich an Zahl. Es mußte gewagt werden, weil es nicht anders sein konnte. Und zuerst, weil sie die Bauern nicht richtig sehen konnten, ließ Michel Schletz, der damals Stadtmeister war, ein Falkonettlein abschießen, damit man sehen könnte, wo sie eigentlich stünden. Sobald dieser Schuß geschah, erhob sich ein solch Zappeln unter den Bauern, als ob es ein Ameisenhaufen wäre, und ein Schnattern, als wäre es ein Haufen Gänse. Einer schrie, man solle fliehen, der andere, man solle bleiben. Indem gingen die andern Falkonettlein auch ab. Ward das ein Fallen! Sobald sie das Feuer blitzen sahen, da fielen drei, da sechs, da zehn, da viel mehr, so daß man meinte, sie wären all erschossen. Bald standen sie wieder auf wie die Juden am Ölberg, denn das ganze Geschütz ging zu hoch. Da flohen sie alle, und Haffen Stefan, der auf der Heide kühn war, der war diesmal der erste, der floh, desgleichen die andern Anführer. Etliche alte Bauern wurden gefangen und nach Hall gebracht, man ließ sie aber am andern Tag gehen. — Kein größer Wunder und Laufen hab ich mein Lebtag gesehen. Es wurde keiner erschossen, und die Lahmen wurden grade, die Alten jung, liefen alle so sehr, als sie nur konnten. Sie hatten die Pfaffen hinten in ein Glied gestellt, bei denen ich als Gefangener auch war. Also ergriffen wir zum Teil die Flucht und kamen zu dritt nach Waldenburg."

Im Vergleich zu anderen Kämpfen war der Haller Bauernkrieg eine planlose und harmlose Bewegung. Die Haller Bauern, die kaum besonders bedrückt waren, hatten immer bei der Stadt Unterstützung gefunden, und so äußerte sich die Unruhe in lächerlichen Zügen: Maulheldentum, Kistenfegen und dann ein jämmerliches Umfallen beim ersten Schuß. Trotz dieser Gärung ging in Hall Handel und Wandel wie in Friedenszeiten weiter, wovon der gleiche Verfasser erzählt: „Es war fürwahr ein ganz schrecklicher und wunderbarer Krieg, der nicht genug beschrieben kann werden. Ich will ein oder zwei Stücke, die sich zu Hall begaben, anzeigen. Die Bauern trugen weiße Kreuze als ihr Zeichen, Kriegsgeschrei und Parole, die Bündischen dagegen rote Kreuze. Und obwohl die von Hall die Bauern mit Schießen zu Gottwolshausen verjagt hatten und sich zum Bund hielten, wandelten doch die Bauern täglich gen Hall und trugen weiße Kreuze auf den Hüten. Niemand tat ihnen etwas darum, obwohl sie offenbare Feinde waren ... Die Bauern, die alle Tage zum Markt nach Hall kamen, trieben viel seltsame Drohungen, der eine wollte dieses Haus, ein anderer in kurzer Zeit ein anderes in Hall besitzen. Sie hatten auch etliche Bürger in Hall, die zum Teil gern Meuterei angerichtet hätten, die hat man später gestraft."

In Neckarsulm, wo sich die Bauern vereinigt hatten, trafen auch Bauern von Weinsberg ein, und es wurde beschlossen, dahin zu ziehen. In Weinsberg lag eine Ritterschar unter dem Grafen Helfenstein, der im Dienste der österreichischen Regierung in Stuttgart stand. Ihr kam die wichtige Aufgabe zu, das Land gegen die Odenwälder zu schützen. Auf dem Wege dahin hatte sie alle Bauern aufgegriffen und erwürgt, und so ist es begreiflich, daß die Wut der Bauern keine Grenzen kannte. Obwohl der Graf Helfenstein nur eine kleine Besatzung von achtzig Rittern und Knechten hatte, war doch an eine kampflose Überrumpelung der Stadt nicht zu denken. Als die Bauern vor die Stadt gekommen waren, eröffneten sie Verhandlungen und rechneten dabei auf ihre zahlenmäßige Überlegenheit wie auf die Stimmung der Bürger, die den Bauern nicht abgeneigt waren. Auch den Verteidigern waren diese Verhandlungen nicht unlieb, da Graf Ludwig nach Stuttgart um schleunige Hilfe geschrieben hatte, die allerdings erst in zwei Tagen eintreffen konnte. Inzwischen traf der Graf alle Vorkehrungen, um Stadt und Burg zu verteidigen. Bürgern und Reisigen, die auf dem Markt versammelt waren, sprach er Mut zu. Darauf begab er sich in die Kirche, und währenddessen geschah am Ostersonntag den 16. April das Unheil. Noch heute sind die Vorgänge nicht restlos geklärt, und die Darstellung der Quellen im einzelnen widerspricht sich. Wir folgen dem Bericht, den der Pfarrer Herolt darüber gibt: „Am heiligen Ostertage, als die Bauern bei Neckarsulm lagen, kam ein Karrenmann, Semmelhans genannt, der Salz in das Schloß Weinsberg gefahren hatte, und meldete, wie die Edelleute und Reiter in das Städtlein gegangen wären, so daß niemand im Schloß sei. Also machten sich die Bauern auf, und während Graf Ludwig von Helfenstein mit den andern vom Adel die Bürger zu Weinsberg tröstete, mutig zu sein und sich nicht den Bauern zu ergeben, denn der König Ferdinand würde sie nicht verlassen, da kamen die Bauern unversehens so behend, daß der Graf mit seinen Leuten nicht mehr auf das Schloß kommen konnte, sondern in der Stadt bei den Bürgern bleiben mußte. Also erstiegen die Bauern das Schloß, fingen die Gräfin mit den Kindern, plünderten es und kamen dann vor die Stadt. Die Bürger waren gut bäurisch, taten den Bauern Tor und Tür auf und ließen sie hinein. Da ward Luzifer mit allen seinen Engeln ledig, tobten und wüteten nicht anders, als ob sie alle unsinnig wären und voller Teufel säßen. Sie fingen den Grafen, dann die Edelleute mit den Reitern, von denen etliche bei der Wehr erstochen wurden. Dietrich von Weiler floh in die Kirche auf den Turm, und als er mit den Bauern unten redete, Gnade begehrte und ihnen viel Geld geben wollte, da schoß einer hinauf und traf ihn. Darnach stiegen sie auf den Turm und warfen ihn zum Laden hinaus. Dann führten sie den edlen Grafen Helfenstein und mit ihm dreizehn vom Adel auf einen Acker in der Richtung nach Heilbronn. Dort machten sie einen Kreis und jagten die Hochgebornen und Edlen durch die Spieße mit ihren Knechten, etwa vierundzwanzig Personen. Der Graf erbot sich, ihnen eine Tonne Geld zu geben, wenn sie ihn leben ließen, aber da half ihm nichts als sterben. Als dies der Graf sah, stand er still, bis sie ihn erstachen. Rudolf von Eltershofen ist kreuzweis im Ring gegangen und hat sich willig in den Tod ergeben. Also haben sie diese wider alle Kriegsordnung durch die Spieße gejagt, darnach nackend ausgezogen und liegen lassen. Darnach haben sie das Schloß angezündet und verbrannt und sind auf Würzburg zu gezogen." In Einzelheiten wird noch vieles ergänzt. Der Pfeifer des Grafen nahm dessen Federhut, setzte ihn sich selbst auf, als jener zum Tode geführt wurde, und spielte ihm dabei auf. Die Gräfin versuchte vergeblich, Jäcklein Rohrbach zur Milde zu stimmen; auch sie wurde gequält. Man raubte ihr die Kleider, setzte sie unter Spottworten auf einen Mistkarren und fuhr sie nach Heilbronn. Auf jeden Fall hatten die Bauern hier zum erstenmal einen militärischen Erfolg errungen, indem sie eine feste Stadt nahmen. Ihr Selbstvertrauen wuchs, während die Gegner eingeschüchtert wurden. Es ist zweifellos eine grausame Tat, deren Abscheu noch dadurch erhöht wird, wenn man liest, daß eine der wilden Frauen, die sogenannte Hofmännin, die am Zuge teilnahm, dem Grafen ein Messer in den Leib stieß und sich mit dem Fett die Schuhe schmierte. Durch diese Weinsberger Tat wurde Furcht und Schrecken verbreitet und der Wille zum Widerstand gelähmt. Die umliegenden Städte und Adligen traten den Bauern bei, und auch die Bürger zu Heilbronn erzwangen den Anschluß. Aber alles was man erreicht hatte, war in erster Linie nicht der militärischen Macht zu verdanken, sondern der Überzahl.

Der Mut der Bauern war gestiegen, und der Bauernrat beschloß, Burgen und Klöster abzubrennen. Am 22. April brach der Haufe von Heilbronn auf und rückte in einzelnen Teilen nach Württemberg, wo man am 25. April Stuttgart einnahm. Andere Teile wieder unterwarfen den ganzen württembergischen Schwarzwald; nur allein Hall hielt sich. Auch Herzog Ulrich, der Anfang des Jahres hatte weichen müssen, rührte sich von neuem und schloß mit einzelnen Bauernhaufen ein förmliches Bündnis. Doch die große Masse zog auf Würzburg zu, wo sich beinahe alle Haufen der Main- und Neckargegend vereinigten. Um diese Zeit trat auch Götz von Berlichingen den Bauern bei.

Im allgemeinen standen die Haufen untereinander bisher kaum in engerem Zusammenhang, sondern zogen kreuz und quer in der Gegend herum, wo sie sich gebildet hatten. Möglichst lange suchten sie den Zusammenhang mit der Heimat zu erhalten, um nach ihrer Familie und nach ihren Äckern zu sehen und um sich zu verproviantieren. Ständig ging zwischen dem Haufen und der Heimat ein reger Verkehr hin und her, um so mehr als die Dorfschaften beieinander blieben. Schultheiß oder Wirt übernahmen die Führung, aber auch an geistlichen Beratern fehlte es nicht, die gewöhnlich mit im Kriegsrat saßen. Meist freiwillig, seltener wie Herolt gezwungen, hatten sie sich der Bewegung angeschlossen, da ihnen die Not der Bauern aus eigener Anschauung oder durch Abstammung genau bekannt war. Eine bunt zusammengewürfelte Gesellschaft hatte sich in den Haufen gefunden: überzeugte Fanatiker, die für Ideale eintraten, Mitläufer in großen Scharen, aber auch herabgekommene Existenzen, die im Trüben zu fischen hofften. Zu ihnen muß auch Götz von Berlichingen gerechnet werden. Viel höher als er steht der fränkische Ritter Florian Geyer aus Giebelstadt, der aus ehrlicher Überzeugung für die Sache der Bauern eintrat. Anfänglich glaubte der Adel, die Empörung richte sich nur gegen die Geistlichkeit, aber er mußte seinen Irrtum bald gewahr werden, und oft konnte er sich nur dadurch vor größerem Schaden retten, daß er die Klöster aufhob, die zwölf Artikel annahm, ja seine Schlösser selbst niederlegte. Kleinere Fürsten wurden gezwungen, den Bauern beizutreten. Zwei Grafen von Hohenlohe mußten „in weitem Feld zu Füßen geloben, und der Bauer, dem sie gelobten, hat folgende Worte gesagt: Bruder Albrecht und Bruder Georg, kommt her und gelobet, bei den Bauern als Brüder zu bleiben, nichts wider sie zu tun, denn ihr seid nimmermehr Herren, sondern wir sind jetzt Herren zu Hohenlohe." Zwei Grafen von Löwenstein folgten den Bauern im leinenen Kittel mit einem Stecken in der Hand. Auch Graf Wilhelm von Henneberg und der Graf von Wertheim standen zu den Bauern in Beziehung.

Zunächst war deren militärische Ordnung und Gliederung ziemlich lose, und oft entfaltete sich zügelloses Leben. Die Leitung des Ganzen entglitt den Obersten, und jeder tat, was er wollte. Bisher war es üblich gewesen, daß jede Ortschaft ein Fähnlein stellte, und daß der Felddienst vier Wochen dauerte, worauf die Bauern wieder heimzogen. Gerade dadurch war es unmöglich, eine kriegstüchtige Schar zu bilden. Ebenso fehlte es an geübten Artilleristen, obwohl genügend Geschütze vorhanden waren. Auch die Verpflegung war dem Zufall überlassen. Durch all das war eine einheitliche Kriegsführung undenkbar, was Hipler und Metzler bald erkannten. Es machte sich daher der Wunsch geltend, eine feste Organisation zu schaffen, und die beiden Kriegsordnungen des fränkischen Heeres lassen das deutlich erkennen. Die Befugnisse der leitenden Männer wurden gestärkt und abgegrenzt, allzu leichtes Hineinreden der Masse unterbunden. Daneben wurde auf gute Zucht gesehen und versucht, die wilden und stürmischen Elemente im Zaume zu halten. Die Briefe der Bauern beginnen gern mit einem frommen Gruß, und ihre amtlichen Schreiben sind klar und sachlich, ohne in einen überschwänglichen Ton zu verfallen. Das religiöse Element klingt noch im Schmuck der Fahne nach. Zu Dreschflegel, Mistgabel, Flugschar oder Bundschuh tritt das Kreuz, der Name Christi oder der Jungfrau Maria.

Ganz zu zügeln verstand sich die Bauernschaft nicht, und bei dem Sturm auf die Klöster kam es zu recht derben Auftritten. Beutelust und Zerstörungssucht standen oft in engem Wettbewerb miteinander. Die Bauern glaubten, wenn sie die alten Götzen beschimpften oder zerstörten, ein gutes Werk zu tun, und gelegentlich mußten die Hauptleute vermittelnd dazwischentreten. Alles wurde zerschlagen bis auf den geringsten Hausrat; Bücher und Urkunden zerstört, das Blei aus den Fenstern genommen, in Kitzingen der Kopf der Heiligen zum Kegelschieben verwendet. Auch in den klösterlichen Wirtschaften wurde übel gehaust. Toll berauschte man sich am Wein, watete bis über die Knöchel im ausgelaufenen Wein und versuchte seine Schießkunst am Vieh des Klosters. Daher ergriff Mönche und Nonnen beim Nahen der Bauern blasse Furcht, obwohl nur ganz selten die Bauern an geistlichen Personen ihre Wut unmittelbar ausließen. Aber kein Zweifel besteht, daß das kirchliche Gut furchtbar mitgenommen wurde und wertvolle Kunstschätze zugrunde gingen. Eigentliche Greuel wie in Weinsberg finden sich bei den Bauern kaum, und auch die Untat von Weinsberg ist nur durch Nebenumstände zu erklären. Im allgemeinen haben die Bauern menschlicher empfunden als ihre Herren, die rücksichtslos ihren Willen durchsetzten.

Bei Weinsberg verdankten die Bauern ihren Erfolg vornehmlich der zahlenmäßigen Überlegenheit; wo es sonst zu kämpfen gab, bewiesen sie nicht sonderlich große Tapferkeit. Wir brauchen nur an den Kampf zu erinnern, den die fünfhundert Haller gegen mehrere tausend Bauern bei Gottwolshausen führten, wo die Aufständischen beim ersten Schuß flohen. Das kam daher, daß im Haufen wenig Disziplin herrschte. Daher ist es begreiflich, daß die Führer sie schaffen wollten. So gab sich der fränkische Haufe mehrere militärische Ordnungen, in denen die Obliegenheiten der Führer genau begrenzt wurden. Auch die Odenwälder wollten einen erfahrenen Kriegsmann an die Spitze stellen, und ihre Wahl fiel auf den Ritter Götz von Berlichingen, der in jener Gegend ansässig und weit bekannt war. Seit den Tagen des jungen Goethe ist die Gestalt Götzens volkstümlich geworden, und man sieht in ihm nur gar zu gern einen Vorkämpfer für Freiheit und Recht. Doch dem ist in Wirklichkeit nicht so. Das Geschlecht derer von Berlichingen, das seinen nicht großen Besitz von etwa einem halben Dutzend Herren zu Lehen trug, war nicht übermäßig begütert und litt unter dem Umschwung der wirtschaftlichen Verhältnisse. Götz, von Haus aus ein Raufbold, beteiligte sich an mancherlei Fehden seiner Zeit, ohne dabei das Gefühl des Unrechtes zu haben. Beschränkt und selbstsüchtig, ging er in keiner Weise über die Anschauungen seiner Standesgenossen hinaus. In seiner „Lebensbeschreibung", die kein ungetrübtes Bild der tatsächlichen Verhältnisse gibt, will er die zahlreichen Beschuldigungen, die man gegen ihn erhoben hatte, abwehren, zum andern aber ist sein Gedächtnis, da sie erst in spätem Alter niedergeschrieben ist, schon recht getrübt. Götz lehnt jede Schuld am Bauernkriege ab und stellt seine Hauptmannschaft als reine Nötigung und Vergewaltigung hin, wobei er zweifellos nicht objektiv wahr ist. Wenn die Bauern Götz zum Führer wählten, so taten sie es aus doppelten Gründen. Götz hatte sich nicht nur Ruhm in Fehden mit geistlichen Fürsten erworben, sondern war auch gelegentlich für schwache und ungerecht Bedrückte eingetreten, und das hatte ihm großes Ansehen bei den niederen Schichten verschafft. Er erschien in Gundelsheim und wurde dort zum Hauptmann angenommen: „Ich, Jörg Metzler von Ballenberg, Oberster, und andere Hauptleute des christlichen Haufens der Bauern tun kund, daß wir den ehrenfesten Junker Götz von Berlichingen in unsere Vereinigung, Schirm und christliche Bruderschaft aufgenommen haben. Gebieten und heißen alle unsere Mitverwandten bei Strafe an Leib und Gut, daß sie dem genannten Junker seine Güter und alle seine Untertanen und Verwandten, geistliche und weltliche, Diener und Knechte, sonderlich Ulrich Hoffmeister von Aßbach, nicht beleidigen noch schädigen, sondern getreulich schützen. Daneben haben wir auch in die Bestimmung eingewilligt, nämlich die Verpflichtung und Bündnis, gegen den (Schwäbischen) Bund zusammenzuhalten, doch allwegs wider uns und andere gemeine Bauerschaft in diesem Handel mit Rat oder Tat nicht zu sein. Zu Urkund haben wir unser Petschiersiegel beigedrückt. Am Montag nach Quasimodogeniti Anno XXV (24. April)". Ganz anders als Götz ist Florian Geyer aus Giebelstadt zu bewerten, von dem leider wenig überliefert ist. Er war kein Abenteurer, sondern hatte sich aus innerer Überzeugung den Bauern angeschlossen. Er war ein wohlhabender, in Kriegsdiensten erfahrener Ritter, in keiner Weise herabgekommen und verarmt. Alles das, was man von seiner schwarzen Schar erzählt, gehört in das Bereich der Fabel. Trotz allem ist es aber auch ihm nicht geglückt, eine entscheidende Rolle im fränkischen Haufen vor Würzburg zu spielen, da das allgemeine Mißtrauen gegen die höheren Schichten, vor allem den Adel, bei den Bauern nicht zu überwinden war.

Wenn sich Götz den Bauern anschloß, so wird hierfür ein besonderer Grund zu suchen sein. Nach der Erstürmung Weinsbergs und dem Anschluß der Städte schien die bäuerliche Bewegung auf dem Wege des Sieges, und das verhieß auch ihm mannigfache Erfolge. Nur eben war wohl Götz ein tapferer Draufgänger, aber kein Organisator. Der Kriegsplan des Haufens bestand darin, die Gebiete von Mainz und Würzburg zu erobern und dann Trier und Köln zu unterwerfen. Am 30. April kam man vor die reiche Abtei Amorbach, wo man eine gewaltige Beute machte. Auch Götz beteiligte sich daran. Er erwarb für 150 fl. Kleinodien, darunter die Inful des Abtes. Da Götz mit der Zahlung im Rückstand blieb, ließen ihm die Bauern 50 fl. nach. Gerade in Amorbach enthüllte sich nochmals die Machtlosigkeit des Haufens, und Götz hatte wenig Freude an seiner Hauptmannschaft. Da man ihm mißtraute, gelang es ihm nicht, irgendeine bedeutsamere Rolle zu spielen. Die eigentliche geistige Führung lag bei Wendel Hipler und Friedrich Weygand. Um die Übergriffe der Bauern einzudämmen und zugleich den Anschluß des Adels zu erleichtern, kam es am 5. Mai zur sog. Amorbacher Ordnung. Darnach sollten die Bauern den Zehnten bis zur endgültigen Reformation weitergeben und jede willkürliche Benutzung des Waldes unterlassen. Ebenso waren Zinsen und Schulden ohne Widerrede zu entrichten und der schuldige Gehorsam gegen die Obrigkeit zu leisten. Das geistliche Gut dagegen sollte von der weltlichen Obrigkeit verwaltet werden. Den Bauern wurde bei Todesstrafe Plündern verboten. Zweifellos hat diese neue Ordnung das Ziel vor Augen, die anderen Stände zu gewinnen. Aber die Massen blieben ohne Verständnis dafür. Was hier zudem beschlossen wurde, galt nur bei den Odenwäldern, denn der fränkische Haufe stimmte dem nicht zu. Deswegen kam es später vor Würzburg zu manchen Mißhelligkeiten. Die Bauern glaubten sich durch die Amorbacher Artikel betrogen und wollten weder gehorchen noch verhandeln. Sie tobten gegen ihre Führer als Verräter, und einzelne Fähnlein trennten sich vom Haufen, um Krieg auf eigene Faust zu führen. Götz, der um diese Zeit in Miltenberg Verhandlungen mit dem Grafen von Wertheim führte und auch dessen Beitritt erreichte, wurde bei seiner Rückkehr, als er den Bauern Vorhaltungen machte, überschrien und mußte zufrieden sein, nicht vom Pferd gestochen zu werden.

Damit offenbarte sich bereits das Schicksal der Bewegung, und wenn auch noch einzelne Adlige dem Haufen beitraten, im Grunde hatte sie ihren Höhepunkt überschritten. Die Odenwälder zogen auf Würzburg zu, wohin auch der fränkische Haufe marschierte. Ihre Pläne gingen weit über die ihnen gesetzten Grenzen hinaus. In Franken wollte man das bäuerliche Programm der Oberschwaben überholen, und es tauchte der großartige, nur in seiner Ausführung unmögliche Gedanke einer umfassenden politischen Reichsreform auf. Lange hat man in dem sog. Heilbronner Reichsreformplan einen Plan der angeblichen Heilbronner Bauernkanzlei gesehen, während es sich in Wirklichkeit nur um die Gedanken einiger weniger Leute handelt. Anfang Mai sollte sich in Heilbronn eine Versammlung von Vertretern aller Bauernhaufen treffen, aber man befaßte sich fast nur mit militärischen Angelegenheiten. Die politischen Fragen wurden nur kurz gestreift. Der Verfasser dieses Planes, der über die zwölf Artikel hinausgreift, war der Keller Friedrich Weygand, dessen Fähigkeit, politisch zu denken, weit über das Übliche hinausgeht, selbst wenn er sich in seinem Entwurf an frühere Flugschriften anschließt. Kurz vor dem 18. Mai schickte er seine Arbeit an den einflußreichen Bauernführer Wendel Hipler, der als ein „feiner geschickter Mann und Schreiber, als man ungefähr einen im Reiche findet", bezeichnet wird. Das geschah zu einer Zeit, als bereits der Umschwung einsetzte. Wir wissen nicht, welche Aufnahme Weygands Plan bei Hipler gefunden hat. Aber was Weygand in der einsamen Stille seines abgelegenen Städtchens Miltenberg schrieb, das waren Gedanken und Hoffnungen, wie sie in den besten Köpfen Deutschlands damals Gestalt gewonnen hatten. Daß selbst Weygand seine Pläne nicht ohne weiteres für ausführbar hält, beweist der Brief, den er an Hipler beilegt. Was der Entwurf forderte, ist erst im neunzehnten Jahrhundert erreicht worden. Eine demokratische Staatsauffassung fordert Gleichheit vor dem Gesetz und politische Einheit. Es ist wohl kein Zufall, daß Weygand seine Gedanken in zwölf Abschnitte zusammengefaßt hat und damit an die berühmten zwölf Artikel anknüpft. Zum ersten sollen alle Priester reformiert werden ohne Ansehen ihrer Geburt und ihres Herkommens. Jede Gemeinde soll sich guter Hirten befleißigen, „die allein die Schäflein mit dem Wort Gottes, so auf die Schrift gegründet ist, weiden und das Recht haben, sie einzusetzen und zu entsetzen". Zum andern sollen auch alle weltlichen Fürsten und Herren reformiert werden, „damit der arme Mann gemäß christlicher Freiheit nicht so schwer von ihnen bedrückt werde". „Alle Fürsten sollen dem heiligen römischen Reich getreu dienen, die Gehorsamen, Frommen, Witwen und Waisen schirmen und die Ungehorsamen und Bösen strafen." „Zum dritten sollen alle Städte und Gemeinden nach dem göttlichen natürlichen Recht in christlicher Freiheit reformiert werden." Alle Bodenzinse sollen mit dem zwanzigfachen Betrag abgelöst werden. Zum vierten sollen alle geistlichen und weltlichen Doktoren in keines Fürsten Rat noch Gericht sitzen, sondern ganz abgeschafft werden, denn „jetzt werden viele Personen durch ihre Vorwände zugrunde gerichtet". „Weil die Doktoren nicht Erbhüter des Rechts, sondern bezahlte Diener, die um ihres eigenen Nutzes willen lange das Recht aufhalten und langsam Rat und Dienst zu Ende führen, so sollen sie bei keinem Gericht zugelassen werden." Zum fünften soll kein Priester im Reichsrat oder sonst im Rat sitzen. „Zum sechsten wäre gut, wenn alles weltliche Recht im Reich, so bisher geübt, abgetan und abgeschafft und das göttliche natürliche Recht aufgerichtet würde." Weygand schlägt weiter eine Neuordnung des Gerichtswesens vor. Das oberste Kammergericht soll mit sechzehn ehrbaren Männern besetzt werden, die mindestens zehn Jahre Richter sind und von denen je zwei von den Fürsten, von den Grafen, von den Rittern, je drei von den Reichsstädten und den landesfürstlichen Städten und vier von allen Gemeinden im Reich gewählt werden sollen. Aus ihnen sollen sich Kläger wie Verklagte Anwälte erbitten. Darunter sollen dann in ähnlicher Zusammensetzung für das Reich vier Hofgerichte, sechzehn Landgerichte, vierundsechzig Freigerichte von je sechzehn Beisitzern geschaffen werden. Von einem Gericht zum andern kann je nach dem Werte der Streitsache, die genau festgesetzt ist, an die höhere Instanz Berufung eingelegt werden. Zum siebenten sollen alle Zölle, Geleitgelder und sonstigen Beschwerungen abgeschafft werden, außer denen, die zur Erhaltung der Brücken und Wege notwendig sind. Zum achten sollen alle Straßen frei und unversperrt sein. Zum neunten sollen alle Steuern fallen „mit einer Ausnahme; dem römischen Kaiser soll seine Steuer, die in zehn Jahren einmal kommt, vorbehalten bleiben, wie Gott Matthäi 22 bestätigt hat". Zehntens sollen alle Gold- und Silbermünzen in gleichem Gehalt und Gewicht geprägt werden. Zwanzig bis einundzwanzig Münzen wären genug fürs Reich. Zum elften soll im ganzen Reich gleiches Maß und Gewicht geschaffen werden. Zum zwölften sollen die großen Handelsgesellschaften wie die Fugger und Welser aufgelöst werden, „denn durch sie werden nach ihrem Belieben arm und reich bei allen Waren belastet". Keine Gesellschaft soll in Zukunft mehr als 10 000 fl. Kapital haben. In den Städten sollen die Kaufleute in Zukunft nur eine Ware verkaufen. Alle Bündnisse der Fürsten und Städte werden verboten, und es soll allein „kaiserlicher Schutz und Frieden gehalten werden".

An der Spitze sollte der Kaiser als einziger Herrscher stehen, da alle Fürstentümer aufgehoben werden. In diesem Augenblick gewann die Bauernbewegung ein allgemeines Interesse, indem sie politische, soziale, wirtschaftliche und religiöse Züge miteinander verband.

Während so Weygand über seinem Entwurf saß, zogen die Bauern von allen Seiten nach Würzburg. Dort lagen die Verhältnisse ganz eigenartig. Die wohlhabende Bevölkerung stand im politischen Gegensatz zum Bischof und strebte nach Unabhängigkeit. Daneben wühlten verkommene Menschen in den untersten Schichten. Der Rat und auch ein Teil der Bürgerschaft traten für den Bischof ein, der Abhilfe versprach, aber der Landtag, der diese Forderungen erledigen sollte, wurde zu weit hinausgeschoben. Infolgedessen griff der Aufstand um sich, die Landgemeinden regten sich, und die Stadt wurde unruhig. Die Keller der Klöster und Stifte wurden erbrochen, und der Geistlichkeit geschah manche Unbill. Immer kecker wurden die „losen Buben", unter denen Hans Bermeter die Hauptrolle spielte. „Es war auch damals ein Bürger zu Würzburg, Hans Bermeter, der sich auch Linck nannte. Der konnte einigermaßen Pfeife spielen und Laute schlagen, war nicht übel beredt und hatte seine Tage mit Schlemmen und Schwelgen verbracht. Und weil er täglich spielte und praßte und doch kein Erbe, auch keinen Verdienst hatte, kam er bei vielen in ernstlichen Verdacht, daß er etlicher Städte heimlicher Diener wäre. Er hielt sich auch sonst leichtfertig und ungebührlich, so daß wenige waren, die gern mit ihm zu tun hatten. Er war ohnehin zuvor wegen eines offenbaren Diebstahls gefangen, aber losgebeten worden. In der Folge hatte er um seiner Missetaten willen zweimal entrinnen müssen, war aber jedesmal auf Fürbitte wieder zurückgekehrt. Zu jener Zeit, wo ein jeder nach seinem Gefallen ohne Strafe handeln konnte, faßte er auch Mut und machte zunächst etliche Buben, die seinesgleichen waren, zu seinen Spießgesellen. Mit denen überfiel er als Hauptmann die Geistlichen in ihrer Behausung, und was er darin fand an Wein, Getreide und anderen eßbaren Dingen, nahm er weg und verteilte es unter seine Rotte. Darum mehrte sich sein Haufe täglich, und obwohl er im Anfang als einer, der bei dem Rate und der Mehrheit in der Gemeinde kein Vertrauen hatte, sich schmiegen mußte und sein Gelüsten, wie er gern gewollt hätte, nicht frei austoben lassen konnte, feierte er dennoch nicht. Sondern in welchem Stadtviertel, Gasse oder Haus er ihm gleiche, unruhige, böse Buben wußte, die das Jhre verschwendet und darum nach anderer Leute Gut Gier hatten, zu denen verfügte er sich, lobte der Bauern Vorhaben als göttlich, schmähte die Obrigkeit und pries die Freiheit. Mit seinem listigen Geschwätz, darin er sonderlich Meister war, nutzte er sein Vorhaben aufs beste aus. Jetzt sei die Zeit gekommen, ihre unchristlichen Beschwerden, damit sie bisher von den Pfaffen unbillig und wider das heilige Evangelium bedrückt seien, ohne Mühe abzuschütteln, sich frei zu machen und alle reich zu werden. Er wüßte wohl, daß sich etliche dagegen stemmten und solch christliches Vorhaben gern verhindern wollten. Das wären diejenigen, die bisher den Pfaffen angehangen und zuzeiten den armen gemeinen Mann nicht minder als die Pfaffen bedrückt hätten. Darum sollten sie sich nicht abwendig machen lassen, denn er wüßte, daß die christlichen Brüder (die Bauern) bald in Würzburg sein würden. Mit diesen Worten erregte er viel böse Buben, die sonst vielleicht ruhig und still geblieben wären." Er blieb auch mit den Bauern in ständiger Verbindung, und allerlei verdächtiges Gesindel trieb sich in der Stadt herum, ohne daß sich der Rat dagegen wehren konnte. Die Verhältnisse spitzten sich so zu, daß der Bischof Konrad von Thüngen am 5. Mai die Stadt verließ, um Hilfe in Heidelberg zu holen. Es war fast der letzte Augenblick, der noch dem Bischof zu Gebote stand. Denn die Bauern standen in unmittelbarer Nähe der Stadt. Am 6. Mai lagerte der Tauberhaufe in Heidingsfeld und die Odenwälder am darauffolgenden Tage auf dem Hugberg. Beide Haufen verbanden sich mit den Bürgern von Würzburg, die Feste Marienburg zu erobern. Immer wieder schrien die Bürger: „Es muß das Schloß herab, dafür hilft nichts." Da die Besatzung nur geringe Aussicht auf Entsatz hatte, knüpfte sie Verhandlungen an, und das Domkapitel war bereit, die zwölf Artikel anzunehmen. Die Odenwälder als die gemäßigteren waren durchaus geneigt, darauf einzugehen, aber der fränkische Haufe lehnte sich dagegen auf, und eine Minderheit hintertrieb die Verständigung. Der Führer des Tauberhaufens, Jakob Kohl, erwies sich stärker als der fränkische Ritter Florian Geyer. Mehrere Tage lang wurde mit der Besatzung verhandelt, wobei die Gegensätze innerhalb der Bauerschaft immer offener zutage traten. Jm Rat der Bauern kam es zu heftigen Streitigkeiten zwischen Götz und Geyer mit Kohl und Bubenleben, dem Pfarrer von Mergentheim. Verlangten jene, daß kein Pfaffe im Bauernrate sitzen solle, so diese, daß kein Adliger. Es nimmt nicht wunder, daß infolgedessen Zucht und Ordnung im Bauernheer sich lockerten. Am 12. Mai abends wurden die

Verhandlungen abgebrochen und die bedingungslose Übergabe der Festung auf Drängen der Würzburger gefordert. Am darauffolgenden Tage wurde sie von dem Kommandanten, dem Markgrafen Friedrich von Hohenzollern, abgelehnt, hinter dem die ganze Besatzung stand. So sollte die Festung gestürmt werden. Die Tauberbauern, die den Nikolausberg besetzt hatten, begannen am 14. Mai die Beschießung, aber die Geschütze richteten infolge der großen Entfernung und der geringen Zahl nur wenig Schaden an. In der nächsten Nacht sollten durch einen Handstreich der Bauern die Schanzen an der Mainseite gestürmt werden. Mehr als vierhundert Bauern fielen, auch konnten die Verwundeten in der Dunkelheit nicht geborgen werden, aber ein Erfolg war nicht erreicht. Diese Niederlage lähmte die Bauern. Zwar bekamen sie von Rothenburg und Tauberbischofsheim Unterstützung durch Geschütze, aber zu einem zweiten Sturm konnte man sich gleichwohl nicht entschließen. So trieben die Bauern einen Stollen in den Felsen, um die Festung zu sprengen, ohne Erfolg. Die Belagerung zog sich in die Länge, und die Aussichten der Bauern verschlechterten sich mit jedem Tage. Die Hauptmacht lag vor der Marienburg fest. Nur kleinere Haufen zogen plündernd in der Gegend umher. Hatte sich in der ersten Maihälfte der Aufstand noch überall siegreich ausgebreitet, so nahte jetzt das Ende. Die Fürsten hatten ihre Rüstungen beendet, und ihren Truppen waren die Bauern nicht gewachsen, denen es an kriegerischer Erfahrung und oft an Geschütz fehlte. Durch die ungünstigen Nachrichten aus Schwaben wie aus Thüringen wurde zudem die Stimmung immer gedrückter. Schon zogen einzelne Teile ab und kehrten in die Heimat zurück.

Die Veste Marienburg. Holzschnitt 1493

Der Aufstand in Thüringen

Man ist oft geneigt, im Thüringer Bauernkrieg ganz andere Beweggründe walten zu sehen als im süddeutschen. In Wirklichkeit bestanden in Thüringen die gleichen Beschwerden wie in Oberdeutschland, wennschon die Menge kleiner und kleinster Herrschaftsgebiete nicht im selben Maße vorhanden war. Aber ein anderes bleibt bezeichnend. In Thüringen pulsierte das wirtschaftliche Leben stärker, denn es wurde von stark benutzten Handelswegen durchquert. Bei der Kargheit des Bodens aber mußte der Bauer schon früh sich einer Nebenarbeit zuwenden. Sachsen wiederum erlebte damals einen unerhörten wirtschaftlichen Aufschwung, seitdem am Ende des fünfzehnten Jahrhunderts an den Hängen des Erzgebirges reiche Silberfunde gemacht wurden. In Zwickau blühte die Textilindustrie, die kapitalistisch betrieben wurde, und führte zu gesellschaftlichen Neubildungen, so daß nicht jeder Geselle mehr zum selbständigen Meister aufsteigen konnte. Der sich bildende Gesellenstand als Lebensstellung war ein höchst bewegliches Element, das zu Unruhen mehr als geneigt war, da er dabei nichts zu verlieren, nur zu gewinnen hatte. An anderen Stellen wie Mühlhausen hob sich der allgemeine Wohlstand nicht, und diesen wirtschaftlichen Stillstand suchte die Masse dem herrschenden aristokratischen Regiment in die Schuhe zu schieben. Es ist durchaus irrig, im Thüringer Bauernkrieg vornehmlich religiös schwärmerische Gedanken maßgebend zu sehen, die zu einer Begeisterung für ideale Zustände geführt hätten.

Münzer ist eine ähnlich geartete Natur wie Karlstadt, und beide erregten die Masse so gewaltig, weil im Bewußtsein des gemeinen Mannes Luthers Lehre von der Rechtfertigung durch den Glauben mit Hoffnungen und Wünschen der Zeit verschmolz. Aber diese Hoffnung auf Besserung knüpfte sich seit 1519 nicht mehr ausschließlich an Wittenberg; auch andere Orte, wie Zürich, spielten eine Rolle. Noch immer erwartete der gemeine Mann, daß die Besserung seiner Lage, die Abhilfe seiner Beschwerden von allein kommen würde. Ständig lichteten sich die Reihen der Mönche und Geistlichen, und fast schien es, als würden die Klöster von selbst verschwinden. In den Bauernkrieg strömte etwas von dem evangelischen Geist hinein, den Luther in seinen Landsleuten geweckt hatte. Darin beruht die Bedeutung der berühmten zwölf Artikel und ihre außerordentlich schnelle Verbreitung durch die gesamten deutschen Lande. Wie groß ihr Einfluß war, läßt auch der Thüringer Aufstand erkennen, nur treten sie hier unter dem Namen „Schwarzwälder Artikel" auf.

Auch hier ist die Bewegung ein Teil jener großen, zum Schutze des

Evangeliums, selbst in den Gebieten, die durchaus evangelisch waren. Aber mit ihnen im bunten Gemenge lagen viele katholische Gebiete, im Westen das Stift Fulda, in der Mitte Gebiete des Erzbistums Mainz und des Deutschen Ritterordens, im Osten solche des katholischen Herzogs Georg von Sachsen. Dazu eine Unmenge von Klöstern und Schlössern, an denen die Bauern ihre Wut ausließen. Aber von besonderer Grausamkeit kann bei den Bauern nicht geredet werden. Nur ein Fall wird berichtet. Am 13. Mai 1525 verhängte der Frankenhauser Haufe über den Ritter Matern von Gehofen und andere Diener des katholischen Grafen Ernst von Mansfeld die Todesstrafe. Sonst wurde in all diesen Gebieten, wo Münzers Geist herrschte, kein Blut vergossen. Zweifellos hat man früher den Einfluß Münzers für den Bauernkrieg überschätzt. Aber ebenso falsch ist es, die Behauptung umzukehren und zu meinen, daß Münzer nur rein zufällig in den Bauernkrieg hineingeraten sei.

Nicht einmal in Mühlhausen selbst hat Münzer die stärkste Wirkung ausgeübt. Diese Stadt war ein wesentlich anderer Boden als Zwickau, wo die Gegensätze zwischen arm und reich sich ganz anders geltend machten. In dieser kleinen gewerbreichen Reichsstadt mit etwa fünftausend Einwohnern, deren Gebiet mit neunzehn Dörfern um sie herum lag, war Ackerbau die Hauptnahrung der Einwohner, und die Erträgnisse deckten nicht nur den eigenen Bedarf, sondern man konnte darüber hinaus bis nach England ausführen. Gewinn zog man ferner aus dem Hopfenhandel, und auch das heimische Bier hatte einen guten Namen. Weniger ergiebig waren die Weinberge, denn jährlich wurde eine größere Menge Wein eingeführt. Handel und Wandel standen daneben in leidlicher Blüte. Tuche wurden bis in die Ostseeländer geliefert, und die günstige Lage an verschiedenen Handelsstraßen kam der Stadt zugute. Gegen Ende des fünfzehnten Jahrhunderts ging deren Wohlstand leise zurück, seitdem die sie umgebenden Landesfürsten an Macht gewannen. Die Stadt selbst war durch Schutzverträge mit einzelnen Fürsten gesichert, wofür jährlich bestimmte Abgaben zu zahlen waren. Das Streben des Rates lief darauf hinaus, die Umwandlung der begrenzten Schutzverhältnisse in erbliche zu verhüten.

Die Bürger der Stadt waren unzufrieden, da sie an der Verwaltung kaum beteiligt, wohl aber durch starke Abgaben bedrückt waren. Die Bürgerschaft hatte keine Möglichkeit, den Rat zu kontrollieren, und so ergab sich daraus eine allgemeine Unzufriedenheit, die sich geschickt seit 1523 Heinrich Pfeiffer, ein entlaufener Mönch, zunutze machte. Dieser, ein Mann von zündender Beredsamkeit und großer Tatkraft, verfolgte zäh seine Ziele und schreckte vor keiner Gefahr zurück; als geborener Mühlhäuser kannte er zudem die Nöte der Stadt und ihrer Bürger genau. Er trat vornehmlich gegen Pfaffen und Mönche auf, weniger für das neue Evangelium ein. Wenn er auch zeitweilig vertrieben wurde, immer kehrte er wieder in die Stadt zurück. Hierher kam auch Thomas Münzer und hoffte zu finden, was er suchte.

Thomas Münzer aus Stolberg im Harz hatte ein bewegtes Leben hinter sich. Wohl in Leipzig hatte er 1519 die Bekanntschaft Luthers gemacht. Da dieser von ihm einen guten Eindruck hatte, empfahl er ihn nach Zwickau. Dort machte er sich durch sein schroffes Auftreten unmöglich, so daß er nach Böhmen floh. Schließlich wurde er im Jahre 1523 in Allstedt vom Rat als Prediger angenommen, und dort vertrat er zum ersten Male ohne Rücksicht auf irgendwelche Widerstände seine Ansichten, so daß der Graf von Mansfeld seinen Untertanen Münzers Predigt verbot. Seine Lehre fand trotz ihrer Dunkelheit über Erwarten viel Anerkennung, und von allen Seiten strömten die Leute ihm zu. Er vereinigte seine Anhänger in einem geheimen Bündnis mit dem Ziel, gewaltsam all das zu unterdrücken, was ihn und seine Lehre ablehnte. Das erste Zeichen dazu war der Sturm auf die Wallfahrtskapelle Mallerbach, und als man ihn deshalb strafen wollte, bedrohte er in seinen Predigten selbst die Fürsten. Niemand wagte gegen ihn einzuschreiten, und das ermutigte ihn, immer heftiger sich gegen das „sanftlebende Fleisch zu Wittenberg", gegen Luthers Schriftprinzip und die Rechtfertigung durch den Glauben zu wenden. Schließlich war seines Bleibens auch in Allstedt nicht länger; heimlich verließ er die Stadt im August 1524 und wandte sich nach Mühlhausen. Münzer und Pfeiffer fanden sich, und die Interessen der Gegner des bisherigen Stadtregiments verbanden sich mit denen der religiösen Neuerer. Kirchen wurden beraubt, Bilder entfernt, und zahlreiche Ratsherren mußten fliehen. Selbst die umliegenden Dörfer versuchten beide, allerdings mit wenig Erfolg, aufzuwiegeln. Nochmals bekam der Rat das Heft in die Hand, so daß beide bereits Ende September die Stadt verlassen mußten. Sie gingen nach dem Süden, und Münzer weilte länger in Nürnberg, um einen Drucker für eine Schrift gegen Luther zu finden, hielt sich dann in den aufständischen Gebieten des Klettgaus auf und gewann auch Einfluß auf Hubmair. Anfang 1525 war er wieder in Mühlhausen, wo er Pfeiffer vorfand. Heimlicher als früher gingen nunmehr beide vor, da sie sich nicht sicher fühlten. Wenn sie auch den bestehenden Rat beseitigen wollten, so traten sie mit dieser Forderung nicht öffentlich hervor. Immerhin erreichten sie mancherlei. Die Klöster wurden eingezogen, und alle Geistlichen, die das Ordenskleid nicht ablegten, mußten aus der Stadt weichen. Ihre Güter und Kleinodien waren dem Rate zu übergeben, und ein neuer Bildersturm wurde entfacht. Grell werden die Verhältnisse durch einige Szenen be-

Thomas Münzer. Kpfr.

leuchtet. Der Pöbel verwendete die aufgefundenen Vorräte und verfeuerte die Heiligenbilder. Die Hetze gegen das Stadtregiment ging weiter, und der Rat mußte Pfeiffer die Statuten der Stadt vorlegen, ob darin etwas gegen die Gebote Gottes enthalten sei. Da die Bewegung nunmehr auf die Umgebung übergriff, hielten die sächsischen Fürsten Beratungen, wenn auch ohne greifbare Ergebnisse, ab.

Als Münzer zurückkehrte, war der Rat machtlos, und so geschah es, daß ihn seine Anhänger zum Prediger an der Marienkirche Mitte Februar ausriefen. Von nun an predigte er, von Pfeiffer unterstützt, immer offener die Notwendigkeit des Aufruhrs und blieb in ständiger Verbindung mit den aufständischen Bauern. Allerhand Vorbereitungen wurden getroffen. Glocken und Leuchter zu Hakenbüchsen umgegossen, eine Kapelle als Pulverkammer eingerichtet, Landsknechte zur Unterweisung der Bürger angenommen. Aber noch hatte er nicht die volle

Herrschaft über die Massen. Als man einmal zweitausend Mann stark zu einer kriegerischen Übung vor den Toren ausgerückt war, suchte Münzer vergeblich durch einen feierlichen Eid sich alle zu verpflichten.

Eine Änderung konnte nur eintreten, wenn der alte Rat gestürzt wurde, und das erreichte man Mitte März unter starker Beteiligung Pfeiffers, der die Abstimmungsergebnisse von der Kanzel der Allerheiligenkirche verlas. Ein neuer, der „Ewige Rat" von sechzehn Mitgliedern wurde gewählt, dem Pfeiffer und Münzer jedoch nicht angehörten. Über all das, was in Mühlhausen vorging, hatte die Außenwelt nur unklare Vorstellungen, und Luther, der schon mehrfach vor Münzer gewarnt hatte, überschätzte dessen Stellung, wenn er ihn in einem Briefe „rex et imperator" nannte. Immerhin war so viel klar, daß die Dinge einer Katastrophe entgegentrieben.

Der mitteldeutsche Bauernkrieg ist wesentlich anders verlaufen als der in Franken und Schwaben. Nirgends standen große Haufen unter einheitlicher Führung, sondern einzelne Bauernlager führten selbständig Krieg. Die Untertanen einer Herrschaft fanden sich zusammen und machten die nächste Gegend unsicher, aber nur selten verbrüderten sie sich mit anderen. Eigenbrötelei war stark ausgebildet, und gar nichts erfahren wir von einer militärischen Gliederung wie in Franken, selbst da nicht, wo Adlige hatten zuschwören müssen. So bleibt der thüringische Bauernkrieg eine Folge örtlicher Erhebungen, die gerade dadurch rascher und schneller gedämpft werden konnten als anderswo, zumal auch die Fürsten entschlossener durchgriffen. Wenn man will, läßt sich etwa von einem halben Dutzend verschiedener Aufstandsherde sprechen, die untereinander kaum in Zusammenhang standen.

Am umfangreichsten war der sog. Werrahaufe, der im Werragrunde hauste, und der sich bei Vacha aus Bauern an der sächsisch-hessischen Grenze gebildet hatte. Auf ihrer Fahne befanden sich Kruzifix, Hirsch, Vogel, Fisch und Wald, worin bildlich der Inhalt der zwölf Artikel ausgedrückt war. Auf dem Marsch werraaufwärts wurden Klöster gestürmt und verbrannt, Schmalkalden und Salzungen zum Eintritt in die Bruderschaft gezwungen. Vor Meiningen, das schon den oberfränkischen Bauern zugeschworen hatte, kehrten sie um und suchten Eisenach zu gewinnen, was ihnen nicht glückte. Ein anderer Haufe, der von der Hardt ausgegangen war, gelangte bis ins Gothaische, wo die Herren von Wangenheim und die Grafen von Gleichen in ihren Bund treten mußten. Gotha versagte sich, aber Reinhardsbrunn wurde geplündert und dabei selbst die Gruft der Landgrafen nicht geschont. Im Kessel von Fulda trafen sich die Ausläufer der Bewegung von Franken und Mainz, und der Koadjutor des Stiftes hoffte bei dieser

Gelegenheit, es zu verweltlichen. Bald aber hatte der Landgraf von Hessen diese Bewegung unterdrückt.

Ruhiger ging es in Sachsen zu, wo nirgends der Aufstand heftigere Formen annahm. Zwei Gruppen von Aufrührern lassen sich unterscheiden, die Bergknappen von Annaberg, die ihre Fäden bis nach Böhmen spannen, und Bauern, die im Erzgebirge kleinere, im Vogtlande größere Haufen bildeten. Die Berichte nennen als höchste Zahl dreitausend Mann und vergessen nicht hinzuzufügen, daß es mit der Bewaffnung schlecht stehe. Nur ein einziges Mal werden achttausend Mann erwähnt, die sich in der Gegend von Gera versammelt hatten, aber dieser Bericht verdient nicht allzu große Glaubwürdigkeit. Auch hier war binnen Monatsfrist ohne große kriegerische Ereignisse die Ruhe wiederhergestellt. Nur in Annaberg dauerten die Verhandlungen etwas länger.

Eine besondere Stellung nehmen die Erfurter Unruhen ein, die mit der thüringischen Erhebung nicht zusammenhängen. Sie begannen aus rein wirtschaftlichen Gründen. Die wirtschaftliche Lage der Erfurter Bauern wurde nicht durch die Stände bestimmt, sondern durch die Zugehörigkeit zu einem finanziell schwachen Staatswesen, und derselbe Druck, der auf den Bauern lastete, ruhte auch auf den Bürgern. Beide Teile gingen daher eine enge Verbindung ein, und am 28. April wurden die Bauern in die Stadt gelassen, wo sie alles, was kurmainzisch war, böse mitnahmen, den Bürgern aber keinen Schaden zufügten. Nach acht Tagen waren die Wirren vorbei, und der Rat hatte die Rechnung zu bezahlen.

Wesentlich soziale Ursachen hatte der Aufstand der schwarzburgischen Untertanen in der Oberherrschaft. Zwei Mittelpunkte lassen sich deutlich erkennen: Stadtilm und Arnstadt. Etwa am 24. April setzte die Bewegung ein, und gegen achttausend Bauern lagerten schließlich bei Stadtilm, wobei mannigfache Plünderungen geschahen. Auch hier gelang es dem Grafen von Schwarzburg, der zunächst eine zögernde, abwartende Haltung einnahm und die Beschwerdeartikel annahm, durchzudrücken, so daß der eigentliche Aufruhr nicht volle vierzehn Tage dauerte. Die Hauptr ädelsführer wurden unschädlich gemacht und zahlreiche Strafen über die Empörer verhängt.

Mit am frühesten, kurz nach Mitte April, brach der Aufstand in Langensalza aus, wo sich unter dem Einfluß des Schuhflickers Melchior Weigand eine „evangelische Brüderschaft" gebildet hatte, in der der Prädikant Teigfuß einen starken Einfluß ausübte. Dem Rate wurde die Macht genommen, Klöster und Kirchen beraubt, und dann zog man beutesuchend tagelang auf dem Lande umher. Nur die Stadt Weißensee widerstand dem Anschluß. Auch suchte man Verbindungen mit

Mühlhausen, wurden doch die Predigten Münzers und Pfeiffers von zahlreichen Langensalzaern besucht.

Münzers Einfluß auf den Thüringer Bauernkrieg ist vielfach stark betont worden, nennt ihn doch Ranke den „Anführer des gesamten Aufstandes" und Janssen den „geistigen Mittelpunkt der Bewegung". So faßten ihn auch viele Zeitgenossen wie Luther auf. Man kann eine Erklärung nur darin finden, daß der thüringischen Bewegung jede Persönlichkeit von größerem Ausmaß fehlt. Pfeiffers stärkerer Einfluß wurde verdunkelt durch den Ruf, den Münzer durch seine Predigten und Schriften gewonnen hatte. Deren radikaler Inhalt ließ ihn vielen, selbst Luther, als den gefährlicheren Gegner erscheinen, und so wurde die Bedeutung dieses Mannes nicht nach dem Erfolg der Handlungen, sondern nach der Absicht gewertet. Tatsächlich blieb sein persönlicher Anteil am Bauernkrieg auf drei Wochen beschränkt und kommt außerdem nur für Teilgebiete und für das Ende in Frage.

Am 26. April zogen drei- bis vierhundert Mühlhäuser mit Münzer und Pfeiffer Langensalza zu Hilfe, wurden aber nicht in die Stadt gelassen. Auf dem Rückweg wurden die Klöster Homburg und darnach Volkenrode geplündert, wo man übel hauste. Vierhundert Eichsfelder Bauern, die nach Mühlhausen wollten, stießen noch zu ihnen. Ihr Weg führte an den Klöstern Anrode und Zella vorbei, die beide geplündert wurden, und die dort gemachte Beute wurde auf Wagen nachgefahren. Von Münzers Schar wurden sie als christliche Brüder empfangen und begrüßt. Am 28. April zogen die beiden vereinigten Haufen zu neuer Zerstörung weiter, verwüsteten das Nonnenkloster Schlotheim und die Stadt Ebeleben und führten die reiche Beute nach Mühlhausen.

Als nun Münzer gegen den ihm verhaßten Grafen Ernst von Mansfeld rücken wollte, versagten sich ihm die Bauern und zogen zu billigen Lorbeeren auf das Eichsfeld, wohin auch Pfeiffer drängte. Wieder mußte Münzer nachgeben. Er selbst war fieberhaft tätig, schrieb Briefe und Flugschriften, denn von allen Seiten drang man auf ihn ein. Nordhausen und Erfurt wollten seine Hilfe, die Grafen Günther von Schwarzburg und Ernst von Hohenstein wurden Brüder der Bauern und stellten Pferde und Truppen.

Auf Pfeiffers Wunsch zog man zu den Eichsfelder Bauern, die kräftig vorgearbeitet hatten, so daß nur noch die ausgeraubten Gebäude anzuzünden waren, wie die Abtei Reifenstein. Am 2. Mai lagerte man vor Heiligenstadt, aber erreichte nur, daß Münzer eingelassen wurde und predigen durfte. Auf Umwegen kehrte man dann über Duderstadt und Worbis nach Mühlhausen zurück, wo man am 6. Mai eintraf. Alle die Verwüstungen, die unterwegs geschehen wa=

ren, mußte Mühlhausen später bezahlen, obwohl nur wenige Bürger sich dabei befunden hatten. Besondere Brandmeister hatten den Auftrag, Klöster und Burgen anzuzünden, aber niemals wurden Mordtaten verübt. Überhaupt kam von den Verwüstungen in Thüringen nur ein geringer Teil auf die Haufen, bei denen Pfeiffer und Münzer waren, die zudem an den Zügen nur als Prädikanten, nie als Anführer teilnahmen.

Um diese Zeit, Anfang Mai, stand fast ganz Thüringen im Aufstand, den Münzer in Gedanken schon über Deutschland ausgebreitet sah. Immer rasender, immer unheimlicher wurden seine Worte, und schon erscheinen ihm die Gegner als völlig verzagt, über die der Sieg leicht zu erringen ist. Scharf und deutlich springen seine Gedanken heraus, daß alle Menschen, von Natur frei, Brüder und niemand zum Herrschen geboren sei. Daher kann nur bei der Gemeinde die Gewalt des Schwertes ruhen, als deren Diener sich Obrigkeit, Fürsten und Herren fühlen müssen. Aber da diese ihre weltliche Gewalt in gleicher Weise mißbraucht habe wie die geistlichen und kirchlichen Befugnisse, so sei der ursprüngliche Zustand wieder herzustellen. Wo die Obrigkeit nicht einwilligt, ist sie zu vertilgen oder zu erschlagen. Das waren Gedanken, die Münzer schon in früheren Jahren geäußert hatte, die jetzt besonders aus dem maßlosen Aufruf an die Mansfelder Bergknappen herausspringen, der seine Wut voll zum Ausdruck bringt: „Vielgeliebte Brüder! Wie lange schlaft ihr? Wie lange seid ihr Gottes Willen nicht geständig? Ach, wievielmal hab ich euch gesagt, daß es sein muß! Gott kann sich nicht anders offenbaren! Ihr müßt stehen! Tut ihr's nicht, so ist das Opfer, euer herzbetrübtes Herzeleid, umsonst! Ihr müßt danach von neuem in Leiden kommen. Das sage ich euch; wollt ihr nicht um Gottes willen leiden, so müßt ihr des Teufels Märtyrer sein. Drum hütet euch! Seid nicht verzagt, nachlässig, schmeichelt nicht länger den verkehrten Phantasten, den gottlosen Bösewichtern! Fanget an und streitet den Streit des Herrn! Es ist hohe Zeit! Haltet eure Brüder alle dazu an, daß sie göttliches Zeugnis nicht verspotten, sonst müssen sie alle verderben. Das ganze deutsche, französische und welsche Land ist wach. Der Meister will ein Spiel machen, die Bösewichter müssen dran. Zu Fulda sind in der Osterwoche vier Stiftskirchen verwüstet. Die Bauern im Klettgau, im Hegau, im Schwarzwald sind dreißigmaltausend stark, und wird der Haufe je länger je größer. Nur das ist meine Sorge, daß die närrischen Menschen in einen falschen Vertrag einwilligen, da sie den Schaden noch nicht erkennen. Wo euer nur drei sind, die auf Gott vertrauen, allein seinen Namen und Ehre suchen, braucht ihr Hunderttausend nicht zu fürchten.

Nun dran, dran, dran! Es ist Zeit! Die Bösewichter sind verzagt wie die Hunde. Regt die Brüder an, daß sie zu Fried kommen und ihr Zeugnis halten. Es ist über die Maßen hoch vonnöten.

Dran, dran, dran! Laßt euch nicht erbarmen, ob auch der Esau gute Worte vorschlägt. Seht nicht an den Jammer der Gottlosen! Sie werden euch so freundlich bitten, greinen, flehen wie die Kinder. Laßt euch nicht erbarmen, wie Gott durch Moses befohlen hat. Regt an in Dörfern und Städten und sonderlich die Berggesellen mit andern guten Burschen. Wir dürfen nicht länger schlafen. Seht, da ich die Worte schreibe, kam mir Botschaft von Salza, wie das Volk den Amtmann Herzog Georgs vom Schlosse langen will, weil er drei habe heimlich umbringen wollen. Die Bauern vom Eichsfeld sind ihren Junkern feind worden; kurz, sie wollen keine Gnade geben. Es ist des Wesens viel. Ihr müßt dran, dran! Es ist Zeit!

Balthasar und Bartel Krump, Valtin und Bischof geht voran an den Tanz. Laßt diesen Brief den Berggesellen werden! Mein Drucker wird kommen in kurzen Tagen; ich habe die Botschaft gekriegt. Ich kann es jetzt nicht anders machen, sonst wollte ich den Brüdern Unterricht geben, daß ihnen das Herz viel größer sollte werden als alle Schlösser und Rüstungen der gottlosen Bösewichter auf Erden. Dran, dran, dieweil das Feuer heiß ist! Laßt euer Schwert nicht kalt werden! Schmiedet Pinkepank auf dem Amboß Nimrods! Werft ihnen den Turm zu Boden! Es ist nicht möglich, daß ihr die menschliche Furcht loswerdet, solange sie leben. Man kann euch von Gott nichts sagen, solange sie über euch regieren. Dran, dran, dieweil ihr Tag habt. Gott geht euch vor, folget! Laßt euch nicht abschrecken! Gott ist mit euch, wie geschrieben 2. Chron. 20. Dies sagt Gott: ‚Ihr sollt euch nicht fürchten, ihr sollt diese große Menge nicht scheuen, es ist nicht euer, sondern des Herrn Streit. Ihr seid nicht, die da streiten. Stellt euch fürwahr männlich! Ihr werdet die Hilfe des Herrn über euch sehen. Da Josaphat diese Worte hörte, fiel er nieder.' Also tut auch um Gott, der euch stärke ohne Furcht der Menschen im rechten Glauben. Amen."

Nach der Rückkehr vom Eichsfeld, die Anfang Mai erfolgte, hielt es Münzer nicht lange in Mühlhausen. Aber den aufständischen Schmalkaldenern, die bei Eisenach lagen und ihn um Hilfe ersuchten, als der Landgraf von Hessen heranzog, konnte er nicht helfen. Er bat sie am 7. Mai, sich zu gedulden, da er erst den Grafen von Hohenstein und von Schwarzburg helfen müsse. Inzwischen hatte sich das Unheil über den Köpfen der Bauern zusammengezogen. Die allgemeine Mutlosigkeit und Unentschlossenheit der Herren war gewichen, seitdem Luther am 6. Mai seine erbitterte Flugschrift „Wider die räuberischen und mörderischen Rotten der Bauern" geschrieben hatte. Luthers Hoffnung, durch die „Ermahnung zum Frieden" zu dämpfen, war eitel gewesen, und auf einer Reise durch Thüringen mußte er die bittere Erfahrung machen, daß an dem erregten Landvolk selbst die Macht seines Wortes verloren war. So verstärkte sich in ihm die Überzeugung, daß vom Aufruhr nimmer etwas Gutes kommen könne, daß die Bauern nichts anderes als verstockte Werkzeuge des Teufels seien. Aus der leidenschaftlichen Erregung, weil er sein Werk gefährdet glaubte, entstand diese zornentbrannte Schrift, die man so oft als einen völligen Frontwechsel hingestellt hat. „Im vorigen Büchlein wagte ich die Bauern nicht zu verurteilen, weil sie sich zu Recht und besserem Unterricht erboten. Aber ehe ich mich umsehe, fahren sie fort und greifen mit der Faust drein mit Vergessen ihres Anerbietens, rauben, toben und tun wie die rasenden Hunde. Dabei siehet man nun wohl, was sie in ihrem falschen Sinn gehabt haben, und daß eitel erlogen Ding gewesen ist, was sie unter dem Namen des Evangeliums in den zwölf Artikeln vorgebracht haben. Kurzum, eitel Teufelswerk treiben sie, und insonderheit ist's der Erzteufel, der zu Mühlhausen regiert und nichts als Mord, Raub, Blutvergießen anrichtet ...

Dreierlei greuliche Sünden wider Gott und Menschen laden diese Bauern auf sich, daran sie den Tod verdient haben an Leib und Seele mannigfaltig. Zum ersten, daß sie ihrer Obrigkeit Treu und Huld geschworen haben, untertänig und gehorsam zu sein, wie solches Gott gebeut ... Weil sie aber diesen Gehorsam mutwillig brechen, haben sie damit Leib und Seele verwirkt ... Zum andern richten sie Aufruhr an, rauben und plündern mit Frevel Klöster und Schlösser, die nicht ihnen sind, so daß sie wie die öffentlichen Straßenräuber und Mörder allein wohl zwiefach den Tod an Leib und Seele verschulden ... Also bringt Aufruhr mit sich ein Land voll Mord, Blutvergießen und macht Witwen und Waisen und zerstört alles wie das allergrößte Unglück. Darum soll hie zuschmeißen, würgen und stechen, heimlich oder öffentlich, wer da kann, und bedenken, daß nichts Giftigeres, Schädlicheres, Teuflischeres sein kann als ein aufrührerischer Mensch, gleich als ob man einen tollen Hund totschlagen muß. Schlägst du nicht, so schlägt er dich und dein ganzes Land mit dir.

Zum dritten decken sie solche schreckliche, greuliche Sünde mit dem Evangelium, nennen sich christliche Brüder, nehmen Eid und Huld und zwingen die Leute, zu solchen Greueln zu ihnen zu halten, womit sie die allergrößten Gotteslästerer und Schänder seines heiligen Namens werden, und ehren und dienen also dem Teufel unter dem Schein des Evangeliums, daran sie wohl zehnmal den Tod verdienen an Leib und Seele, daß ich häßlichere Sünde nie gehört habe. Und meine auch, daß der Teufel am Jüngsten Tage schwelgt, wenn er solche unerhörte Stücke vernimmt, als wolle er sagen, es ist das letzte, darum soll es das ärgste sein, und will die Grundsuppe aufrühren und den Boden ganz und gar aufstoßen. Gott wolle ihm wehren! ...

Drum, liebe Herren, erlöset hie, rettet hie, erbarmt euch der armen Leute! Steche, schlage, würge hie, wer da kann! Bleibst du dabei tot, wohl dir! Seligern Tod kannst du nimmermehr bekommen, denn du stirbst im Gehorsam göttlichen Worts und Befehls und im Dienst der Liebe, deinen Nächsten zu retten aus der Hölle und des Teufels Banden."

Auf welcher Seite das bessere Recht stand, war Luther gleich, da er die Ordnung Gottes auf Erden, den Staat in seiner Existenz bedroht glaubte. Unbarmherzig forderte er daher die Ausrottung der Bauern als „Höllenhunde" und „Teufelsglieder". Wer genauer hinsieht, wird zugeben, daß nicht Luthers Meinung, sondern vor allem die Lage sich völlig geändert hatte; aus ihr floß der flammende Aufruf, der Gewalt zum besten der Gesamtheit wieder mit Gewalt zu begegnen.

Am frühesten war der hessische Landgraf zur Stelle, der schon im April die Erhebung im eigenen Land gestillt hatte und dann die Thüringer Pässe besetzte, um die Verbindung der süddeutschen mit den thüringischen Bauern zu verhindern. Er schlug die Aufrührer im Fuldaischen, nahm Fulda selbst am 3. Mai ein und zog nach Thüringen weiter. Inzwischen hatte Georg von Sachsen in Sangerhausen die Aufständischen entwaffnen lassen und zog nach Frankenhausen, wo ein starker Haufe sich weder aus bestimmter Absicht, noch aus strategischer Überlegung gesammelt hatte. Die sechs- bis achttausend Mann, die dort lagerten und denen es nicht an militärischer Ordnung und strenger Manneszucht fehlte, hatten dringend an Münzer um Hilfe geschrieben, da sie von zwei Seiten bedroht waren. Am 10. Mai verließ Münzer mit einer Schar von dreihundert Mann und acht Büchsen, nicht als Führer, sondern nur als Prediger, die Stadt Mühlhausen. Die Büchsen waren das einzige, was ihm die Stadt Mühlhausen geliehen hatte. Auch das läßt darauf schließen, daß Münzer in der Stadt nicht die Führung besaß. Die Erfurter dagegen, an die er am 13. Mai um schleunige Hilfe schrieb, rührten sich überhaupt nicht. Wenn auch bei Frankenhausen eine stattliche Bauernschar stand, die dauernd durch Zuzug wuchs, so war doch die Stimmung nicht gehoben, denn die Bauern lebten in ständiger Angst vor den Fürsten. Um so mehr, als ihre Hilfegesuche überall abgeschlagen wurden, auch von den Herren, die mit ihnen verbündet waren. Als Albrecht von Mansfeld im Glauben auf das Nahen der Fürsten eine vereinbarte Besprechung mit den Bauern verschob, suchte ihn Münzer durch den derben Brief vom

12. Mai einzuschüchtern: „Furcht und Zittern sei einem jeden, der übel tut, Röm. 2. Daß du die Epistel Pauli so übel mißbrauchst, erbarmt mich. Du willst die böswichtige Obrigkeit dadurch bestätigen, wie der Papst Petrum und Paulum zu Stockmeistern gemacht. Meinst du, daß Gott der Herr sein unverständig Volk nicht erregen könne, die Tyrannen abzusetzen in seinem Grimm? Hat nicht die Mutter Christi aus dem Heiligen Geiste geredet von dir und deinesgleichen, weissagend Lukas 1: ‚Die Gewaltigen hat er vom Stuhl gestoßen und die Niedrigen (die du verachtest) erhoben?' Hast du in deiner lutherischen Grütze und in deiner wittenbergischen Suppe nicht finden können, was Hesekiel in seinem 37. Kapitel weissagt? Auch hast du in deinem martinischen Bauerndreck nicht schmecken können, wie derselbe Prophet weiter im 39. Kapitel sagt, wie Gott alle Vögel des Himmels fordert, daß sie das Fleisch der Fürsten fressen und die unvernünftigen Tiere das Blut der großen Hansen saufen sollen, wie in der heiligen Offenbarung im 18. und 19. geschrieben. Meinst du, daß Gott nicht mehr an seinem Volk als an euch Tyrannen gelegen? Du willst unter dem Namen Christi ein Heide sein und dich mit Paulo zudecken; man wird dir aber die Bahn vorlaufen, wisse dich danach zu halten! Willst du erkennen Daniel 7, wie Gott die Gewalt der Gemeinde gegeben hat, und vor uns erscheinen und deinen Glauben brechen, wollen wir das gerne zugestehen und dich als gemeinen Bruder ansehen. Wo aber nicht, werden wir uns an deine lahme schale Fratze nicht kehren und wider dich fechten, wie wider einen Erbfeind des Christenglaubens. Wisse dich danach zu halten." Noch drohender war der Brief, den Münzer am selben Tage an den katholischen Grafen Ernst von Mansfeld richtete: „Die gemessene Kraft und feste Furcht Gottes und der beständige Grund seines gerechten Willen sei mit dir, Bruder Ernst. Ich, Thomas Münzer, vorzeiten Pfarrer zu Allstedt, ermahne zum überflüssigsten Anregen, daß du um des lebendigen Gottes Namen willen von deinem tyrannischen Wüten wollest abstehen und nicht länger den Grimm Gottes über dich erbittern. Du hast die Christen angefangen zu martern, du hast den heiligen christlichen Glauben eine Büberei gescholten, du hast dich unterstanden, die Christen zu vertilgen. Siehe, du elender dürftiger Madensack, wer hat dich zum Fürsten des Volks gemacht, das Gott mit seinem teuren Blut erworben hat? Du mußt und sollst beweisen, ob du ein Christ bist. Du sollst wahrhaftig gut sicheres Geleit haben, deinen Glauben an den Tag zu bringen. Das hat dir eine ganze Gemeinde im Ring zugesagt. Und sollst dich auch entschuldigen wegen deiner offenbaren Tyrannei, auch ansagen, wer dich so keck gemacht hat, daß du allen Christen zum Nachteil unter christlichem Namen ein solch heidnischer Bösewicht sein willst.

Würdest du ausbleiben und dich der aufgetragenen Sache nicht entledigen, so will ich ausschreien vor aller Welt, daß alle Brüder ihr Blut getrost sollen wagen wie wider die Türken. Da sollst du verfolgt und ausgerottet werden. Denn es wird ein jeder viel emsiger sein, an dir mehr Ablaß zu verdienen, als vorzeiten der Papst gegeben. Wir wissen nichts anderes von dir zu bekommen. Es will keine Scham in dich. Gott hat dich verstockt wie den König Pharao.

Sei's Gott immer mehr geklagt, daß die Welt deine wütende Tyrannei nicht eher erkannt. Wie hast du doch solch unersetzlichen Schaden getan, wie kann man sich anders denn Gott selber über dich erbarmen? Kurzum, du bist durch Gottes kräftige Gewalt dem Verderben überantwortet. Wirst du dich nicht demütigen vor den Kleinen, so wird dir eine ewige Schande vor der ganzen Christenheit auf den Hals fallen, du wirst des Teufels Märtyrer werden.

Du bist der Christenheit nichts nütze, du bist ein schädlicher Staubbesen der Freunde Gottes. Wir wollen deine Antwort noch heute haben oder dich im Namen Gottes der Heerscharen heimsuchen. Danach wisse dich zu richten. Wir werden unverzüglich tun, was uns Gott befohlen hat. Tue auch du dein Bestes! Ich fahre daher!"

Doch vergeblich war alles rhetorische Pathos, und die Wut über die Fehlschläge mag dazu beigetragen haben, die beiden gefangenen Spione des Grafen Albrecht zu töten.

Am 12. Mai war Philipp, von Eisenach kommend, mit seinem kleinen, aber trefflichen Heere in Langensalza, wo er sich mit Herzog Heinrich von Braunschweig vereinigte, so daß ihre Macht etwa tausend Reiter und dreitausend Mann Fußvolk zählte. Am 14. Mai trafen beide Fürsten vor Frankenhausen ein, zogen aber ihre Truppen, da sie von den Bauern beschossen wurden, etwas zurück. Am folgenden Tage stieß Herzog Georg zu ihnen. Das Heer der Fürsten, das die Frankenhausen nördlich überholende Hochfläche besetzt hatte, besaß eine günstige Aufstellung. Der Mut der Bauern sank, zumal es ihnen an Artillerie und Pulver fehlte. Denn der Schweizer, der beides besorgen sollte, war mit dem Gelde verschwunden. Nochmals wurde verhandelt, aber alles zerschlug sich, da die Bauern Münzer nicht ausliefern wollten, und Münzer verscheuchte durch eine packende Rede die Mutlosigkeit der Bauern. Er wollte „alle Büchsensteine im Ärmel fassen", die auf die Bauern geschossen wurden und deutete einen Regenbogen am Himmel als Zeichen Gottes, der sie unterstützen würde. Als aber dann die Schüsse bei den Bauern einschlugen, ergaben sie sich, ohne an Gegenwehr zu denken, in wilde Flucht. In ihre ungeordneten hilflosen Scharen brachen die hessischen und sächsischen Reiter und hieben nieder, was sie konnten. So allgemein war die Bestürzung, daß die

Stadt ohne Schwertstreich genommen werden konnte. Der größte Teil der Bauern war erschlagen, wenige gefangen, während das fürstliche Heer einen Verlust von nur fünf Mann hatte.

Grimmes Wüten begann in der Stadt, und von den Gefangenen wurden noch einige hundert vor dem Rathaus hingerichtet. Die Bauern der umliegenden Dörfer lieferten Anführer und Prediger aus, um glimpflicher davonzukommen. Die Weiber erschlugen die Geistlichen, um ihre Männer zu retten. Auf Münzers Kopf selbst war ein Preis ausgesetzt.

Alles Unheil kam nach Meinung der Fürsten von Mühlhausen, und so wurde dieser Stadt am 19. Mai der Krieg erklärt. Durch Verhandlungen versuchte der Rat das ärgste Unheil abzuwenden. Als das Pfeiffer erfuhr, der mit seinem Anhang in der Stadt zurückgeblieben war, floh er mit dreihundert Anhängern, wurde aber bei Eisenach eingeholt und gefangen. Am 23. Mai fanden Verhandlungen mit der Stadt statt, aber die Fürsten verlangten bedingungslose Übergabe. Gegen zehntausend Mann lagen vor ihr, doch nur mit dreihundert zogen die Fürsten ein. Durch eine Buße von 40 000 fl. kaufte sich die Stadt von der Plünderung los. Streng wurden die Rädelsführer bestraft, der „ewige Rat" abgesetzt und das alte Stadtregiment wiederhergestellt. Aller Schaden war zu ersetzen, aller Raub herauszugeben. Dazu war eine gewaltige Schuldenlast aufgehäuft, so daß Mühlhausen noch lange an den Folgen des Aufstandes litt. Hundertachtundachtzig Bürger waren aus der Stadt gewichen, vierundfünfzig hingerichtet worden.

Was war mit Münzer geschehen? Münzer war aus der Schlacht entkommen und hielt sich in der Bodenkammer eines Hauses in Frankenhausen auf, wo ein Reisiger ihn an einer Tasche mit Briefen des Grafen Albrecht von Mansfeld erkannte. Er wurde gefangen und von Herzog Georg seinem ärgsten Feinde, dem Grafen Ernst von Mansfeld, ausgeliefert, der ihn auf sein Schloß nach Heldrungen brachte, wo er gefoltert wurde. Sein „Bekenntnis" wurde sofort gedruckt, aber Luther war damit nicht zufrieden. Münzers Mut war gebrochen, und in einem Brief an die Mühlhäuser mahnte er zur Besonnenheit. Er war kein starker Charakter, war ohne persönlichen Mut. Ihn befriedigte nicht die stille Arbeit des Gelehrten, sondern er wollte eine entscheidende Rolle in der Öffentlichkeit spielen. Die Zeit kam ihm entgegen, die sich nach Agitatoren sehnte. Wohl verstand er die Menge anzufassen und sie zur Leidenschaftlichkeit zu entflammen. Im niederen Volke suchte er seine Stützen, schmeichelte ihm und stellte vor allem Luther als Schmeichler der Fürsten hin. Wenn sich die Augen der an ihn Glaubenden auf ihn richteten, fühlte er sich als der „Prophet Gottes", und seine Kräfte wuchsen gleichsam über ihn hinaus. Fremde und eigene Ideen verschmolzen miteinander und ließen alles als Gepräge Münzerischen Geistes erscheinen. Nie um einen Ausdruck verlegen, fesselte er durch bildhafte Ausdrücke und Schlagworte und war selbst von der Richtigkeit seiner Anschauung überzeugt. Er war der, dem „der Geist das helle Licht der Erkenntnis angezündet und den wahren Geist ins Herz gepflanzt hatte, der berufen war, die Christenheit aus dem Verderben zu führen". Er drohte dem Grafen Ernst von Mansfeld aus dieser Überzeugung heraus. „Bringt ihr mich den Druckern in die Fäuste, will ich hunderttausendmal ärger mit euch umgehen als Luther mit dem Papst." Aus dem stolzen Bewußtsein seiner Sendung entspringen die hochtrabenden Unterschriften seiner Briefe. Er nennt sich „Thomas Münzer mit dem Schwert Gideonis", „ein Knecht Gottes wider die Gottlosen", „ein Zerstörer der Ungläubigen" und „Thomas Münzer mit dem Hammer". Mag auch persönliche Eitelkeit oder die Sucht, eine Rolle zu spielen, ein wichtiger Antrieb bei ihm sein, so geschah es im Unterbewußtsein. All das tat er in Stunden des Hochflugs, wenn seine Phantasie erhitzt, überreizt war. Vielleicht ist es mehr als ein Zufall, daß er die Träume seiner Zuhörer als Agitationsmittel benutzte; doch dem Alltag gegenüber hielt diese Stimmung nicht stand. Da war Münzer der kleine Prediger, der sich verkroch und versteckte, der seine Lehren ableugnete, wenn er sie vor der Obrigkeit vertreten sollte. Den vollen Einsatz der Persönlichkeit, der Luthers Stärke ausmacht, kannte Münzer nicht; wie erzählt wird, kam er aus dem Verhör in Weimar gelb und schlotternd heraus. Selbst wenn dieser Zug erfunden sein sollte, ist er es ganz aus dem innersten Wesen Münzers heraus. Man wird diesen Zug in Münzers Charakter als Willensschwäche, aber nicht als Feigheit bezeichnen können. Doch wo es an Tatkraft fehlt, fehlt auch der politische und staatsmännische Blick, und damit konnte Münzer nicht der schöpferische Führer sein, den die Nation brauchte, denn der mußte nicht mit Worten, sondern durch Taten handeln.

Mit dieser Charakterveranlagung stimmt überein, daß Münzer, als er nach Mühlhausen gebracht war, das Abendmahl nach katholischer Weise empfing und ganz verzagt war. Während Pfeiffer reuelos und ungebrochen starb, war Münzer verzweifelt und konnte vor Angst das Glaubensbekenntnis nicht mehr beten. Am 27. Mai wurden beide im Lager von Görmar mit dem Schwerte hingerichtet, ihre Köpfe vor Mühlhausen auf Pfähle gespießt, zur Schau gestellt, um künftig vor jedem Aufruhr abzuschrecken. Ende Mai war der Aufstand in Thüringen zu Ende, und auch in Süddeutschland hatten sich um diese Zeit die Fürsten ermannt und befanden sich auf der Bahn des Sieges.

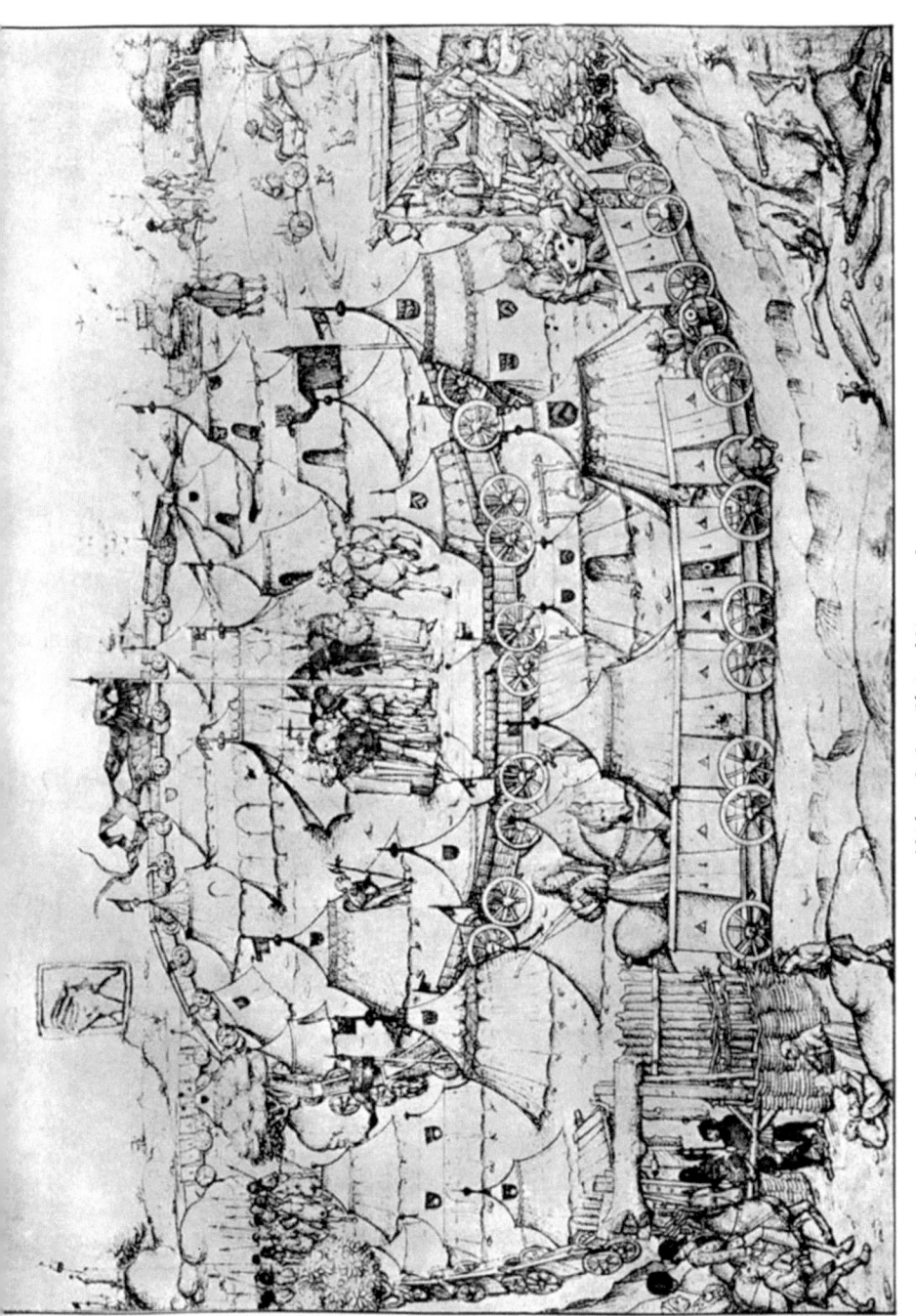

Mittelalterliche Wagenburg
Federzeichnung aus dem Hausbuch des Fürsten Waldburg-Wolfegg

Der Sieg der Herren

Ende April schien den Bauern der Erfolg sicher zu sein, und weit über die ursprünglichen Gebiete hinaus hatte die Erhebung um sich gegriffen. In Bamberg hatte man sich gegen den Bischof erhoben, im Elsaß und in Lothringen gärte es ebenso wie rheinabwärts bis nach Frankfurt. Vom Allgäu war der Aufruhr nach Vorarlberg übergesprungen. Dort kam es jedoch nirgends zu offenem Kampf, da König Ferdinand auf die Beschwerden beschwichtigende Antworten gab, und mit der Niederlage der Allgäuer war auch Vorarlberg beruhigt. Anders lagen die Verhältnisse in Tirol. Vom Eisacktal griff die Bewegung um sich, Brixen wurde im Mai angegriffen und Michael Gaismayr, ursprünglich Zollbeamter im Dienste des Bischofs von Brixen, zum Obersten gewählt. Er galt als kühner, entschlossener Mann und wollte mit der kirchlichen zugleich auch die staatliche und gesellschaftliche Ordnung umstürzen. Während in Deutschland das Glück der Bauern sich schon dem Ende zuneigte, waren sie in Tirol noch Herren, hatten gegen hundert Schlösser eingenommen und verfügten über Geld und Gut, Leben und Tod. Doch schließlich mußte auch Gaismayr seinen Widerstand aufgeben und irrte flüchtig umher. Er hatte durch seine Beredsamkeit die Massen entzündet, und in seinem Kopfe arbeiteten „wirkliche politische Gedanken, Projekte, deren Kühnheit alles hinter sich ließ, was damals von deutschen Radikalen geplant und geträumt wurde". Später suchte er in dem Salzburger Aufstand eine Rolle zu spielen, den der Erzbischof nicht allein dämpfen konnte, so daß er den Herzog von Bayern um Hilfe bitten mußte.

Unter diesen Umständen war es begreiflich, daß der Truchseß das einzige Heer, das den Bauern gegenüberstand, dem Schwäbischen Bund unversehrt erhalten wollte und mit den Bauern den Vertrag zu Weingarten am 17. April schloß. Erst Luthers entschiedene Stellungnahme kam den Fürsten zugute. Handelte Luther aus religiösen Beweggründen, so spielten bei den Fürsten politische Erwägungen die maßgebende Rolle, zumal mit dem Tode Friedrichs des Weisen der letzte Beschützer der Bauern gestorben war, der mitten im Toben zur Güte geredet hatte. Als die Fürsten sich von ihrer Ratlosigkeit erholt hatten, wurden die Bauern ohne große Kräfte rasch erledigt. Auch hier machte der Truchseß den Anfang und griff in Schwaben mit dem Heer des Schwäbischen Bundes durch. Sein Unternehmen schien zunächst nicht gerade aussichtsreich, denn den hundertfünfzigtausend Bauern, die vom Hegau bis nach Thüringen in Aufstand waren, konnte er nur eine Truppenmacht von zehntausend Mann entgegenstellen. Dazu waren seine Landsknechte nicht unbedingt zuverlässig, denn sie waren Bauern=

söhne, und zum andern wurde oft der versprochene Sold nicht gezahlt. Überlegen war er seinen Gegnern durch die Reiterei, die nur nicht überall zu verwenden war. Uneinigkeit und Zwietracht im Bauernlager, die eine gemeinsame größere Unternehmung verhinderten, erleichterten ihm die Aufgabe. Wohl besaßen die Bauern hinreichend Geschütze, aber es fehlte an geübten Leuten, und außerdem mißtrauten die Hauptleute einander. Da durch den Weingartner Vertrag die Bauern des Allgäus und Bodensees von denen des Hegaus und Schwarzwalds getrennt waren, zog der Truchseß zunächst in deren Gebiete und wollte dann, nachdem diese beruhigt waren, ohne Gefahr im Rücken ins Württembergische ziehen. Noch ehe er diese Aufgabe erledigt hatte — namentlich von Radolfszell waren dringende Hilferufe an ihn gekommen —, erging an ihn ein strenger Befehl aus Ulm, sofort nach Norden abzuschwenken. Vergeblich wies er auf die Gefahr eines solchen Abzugs hin. Da aber der Bund drohte, Hauptleute und Knechte ihres Eides zu entbinden, mußte er nach Norden abschwenken. Anfang Mai erreichte er die Gegend am Neckar, wo mehrere Haufen der Bauern eine strategische Stellung am Wurmlinger Berg hielten. Auch hier war der Truchseß zu Verhandlungen geneigt, denn er konnte den Sold nicht bezahlen und den Bauern nicht folgen, da sich die Söldner teilnahmslos zeigten. Bei Böblingen und Sindelfingen kam es am 12. Mai zum Kampfe. Die Bauern standen in drei Treffen gestaffelt und hatten ihre Stellungen gut ausgenützt. Erst die Besetzung Böblingens schuf Raum, denn dadurch wurden die Bauern aus ihren Stellungen verdrängt. Nur der Wald wurde ihre Rettung; gleichwohl wurden mehr als viertausend getötet.

Um dieselbe Zeit, am 15. Mai, wurden die Scharen Thomas Münzers bei Frankenhausen geschlagen, und ähnlich wütete überall die fürstliche Rache. Am 17. Mai überwältigte Herzog Anton von Lothringen die Elsässer Bauern bei Zabern und ließ sie, obwohl ihnen freier Abzug verheißen war, wehrlos niedermachen. Mehr als achtzehntausend Bauern sollen auf diese Weise umgekommen sein. Auch der Kurfürst von der Pfalz siegte am 24. Juni bei Pfeddersheim, wo über viertausend Bauern erschlagen wurden.

Inzwischen war der Truchseß ohne Widerstand langsam nach Norden gezogen. Sein Ziel war Weinsberg, das er am 21. Mai besetzte und niederbrannte. „Als der Bund nach Weinsberg kam, fand man keinen Mann darin, allein Weiber und Kinder. Die hat man sofort herausgehen lassen — und nicht erstochen oder ermordet, wie gesagt worden ist. Was damals von Weibern und Kindern für ein Jammer, Not, Heulen und Wehklagen gewesen ist, kann sich ein jeder selbst denken, da sie also ihre Vaterstadt haben verlassen müssen. Während=

dem hat man die Stadt an vielen Stellen angezündet. Eine Plünderung hat man aus dem Grunde nicht gestatten wollen, weil die Bauern auch den Grafen nicht für eine Geldsumme leben lassen wollten. Was für ein beträchtlich Gut an Wein, Getreide und allerlei fahrender Habe in einer solchen Feuersbrunst verzehrt und verbrannt worden ist, kann man leicht daraus ersehen, daß alle Keller voll Wein, alle Böden voller Getreide waren. Item, es sind viele Dörfer dort wegen der oben erwähnten Tyrannei verheert und verbrannt worden. Und was sich an Bauern unterwegs verspätete, ist ohne alle Barmherzigkeit erstochen worden." Von da zog der „Bauernjörg" nicht geradenwegs auf Würzburg zu, sondern suchte dem Pfalzgrafen zu helfen, der Erhebungen im Kraichgau und Bruhrain gedämpft hatte. Einzeln ergaben sich viele Städte und Dörfer und lieferten die Anführer aus, um milder gestraft zu werden. Unterwegs nahm man Jäcklein Rohrbach, den Anführer der Neckartaler, gefangen und verbrannte ihn. Noch übler behandelte man den Pfeifer Nunnenmacher, der bei der Ermordung des Grafen von Helfenstein zugegen gewesen war. Er wurde an einen Apfelbaum mit eiserner Kette gebunden und gebraten, während die Herren höhnend zuschauten. Am 28. Mai vereinigten sich der Truchseß und der Pfalzgraf bei Neckarsulm. Da alle Unruhen am Neckar gedämpft waren, wandte man sich nunmehr gegen Würzburg, das noch immer von den Bauern belagert wurde.

Als die Not am größten war, hatten diese für den 1. Juni einen Landtag nach Schweinfurt einberufen, der Ordnung aufrichten und mit den Landesherren verhandeln sollte. Auf diesem Landtag sollten alle verbündeten Adligen persönlich erscheinen, Städte und Flecken zwei Abgeordnete schicken. Aber es kam zu keinerlei gedeihlicher Arbeit mehr, denn inzwischen fielen entscheidende Schläge. Die eingeladenen Herren und Städte fanden es nicht mehr für nötig, sich mit den Aufständischen in lange Verhandlungen einzulassen.

Bei Neckarsulm hatten sich achttausend Bauern hartnäckig verteidigt und schrieben nach Würzburg um Hilfe. Götz, der mit einer Abteilung dahin geschickt wurde, lief bei Adolzfurt in der Nacht vom 28. zum 29. Mai davon und entschuldigte sich damit, daß seine vier Wochen um gewesen seien. „War eben auf diesen Tag meine Zeit, Ziel der vier Wochen, wie ich zu ihnen verpflichtet war, um, und dachte ich: Nun ist es Zeit, daß du siehst, was du zu schaffen hast ... Also gab Gott der Allmächtige Glück, daß ich von den bösen oder frommen Leuten kam." Die Bauern vermochten infolgedessen die Stadt nicht zu halten, sondern zogen sich über Jagst und Kocher zurück, und vereinigten sich im Taubertal mit anderen Haufen. Ihre Wagen stellten sie auf einer Anhöhe über Königshofen auf, und durch den nahen Wald glaubten sie sich vor der feindlichen Reiterei gesichert. Auch waren sie mit genügend Geschütz versehen. Die Bündischen hatten dazu noch den Nachteil, daß sie über die Tauber setzen mußten. Schließlich kam es am 2. Juni bei Königshofen zum Kampfe. „Das Rennfähnlein war gegen die Bauern auf die Höhe des Berges gekommen. Als die Bauern es sahen, richteten sie das Geschütz dahin und gaben wohl drei Schuß ab. Da stieß der Trompeter in die Trompete, und sogleich stürzte das Rennfähnlein auf die Bauern; die ergriffen die Flucht. Die Hauptleute und Obersten der Bauern hieben den Wagenpferden die Stränge ab, setzten sich darauf und entkamen fast alle. Inzwischen kamen die Reisigen vom gewaltigen Haufen auch heran und erschlugen gegen viertausend Bauern an diesem Tage. Etliche Bauern, gegen dreihundert, hatten sich im Gehölz verborgen. Zu denen konnten die Reisigen nicht gelangen. Auch hatten sie etliche Handgewehre bei sich, womit sie den Fußknechten, die auch herankamen, aber mit ihren langen Spießen an dieser Stelle nichts ausrichten konnten, Widerstand leisteten, bis die Nacht herankam. Da begehrten die Bauern, daß ihnen das Leben zugesichert würde. Das wurde ihnen von den Landsknechten zugesagt, und somit wurden diese Bauern nach Königshofen in die Pfarrkirche geführt. Dort wurden sie gefangengehalten und ihnen ein Lösegeld auferlegt. Ein Teil, der das Lösegeld bringen sollte, wurde freigelassen, die übrigen bis nach Heidingsfeld mitgeführt. Der Artikelbrief der bündischen Fußknechte enthielt die Bestimmung, wenn sie eine Schlacht oder Sturm gewonnen hätten, sollte ihr Monatssold abgelaufen sein und ein neuer beginnen. Da nun die Bauern geschlagen waren, wollten sie den Schlachtsold haben, d. h. ihr Monatssold sollte abgelaufen sein und ein neuer beginnen. Doch die Fürsten, Hauptleute und Kriegsräte widersprachen und sagten, die Schlacht wäre allein durch die Reisigen entschieden, und die Fußknechte hätten mit ihrem Haufen nicht eingegriffen. Deswegen sei man ihnen nichts schuldig. Aber die bündischen Knechte bestanden auf ihrer Forderung und wollten am folgenden Tage nicht weiterziehen. Als jedermann nach Würzburg aufbrach, blieben sie in Königshofen liegen. Man hat an diesem Tag von den Bauern zu Königshofen neunundvierzig Geschütze auf Rädern, zwölf Doppelhaken, neunundreißig Haken, fünfzehn Halbhaken und ziemlich viel Wagen erobert." Damit waren die Scharen der Odenwälder und Neckartaler vernichtet, ohne Widerstand zu leisten.

Wer entkommen war, floh nach Würzburg, wo sich rasch die Kunde verbreitete. Große Bestürzung entstand, aber den Worten der flüchtigen Bauern wurde nicht geglaubt, sondern das Gerücht kam auf, das bäurische Heer warte bei Königshofen auf Hilfe. Am 3. Juni rückte der fränkische Haufe von Würzburg ab, um noch bei Königshofen zu helfen. Er war bis in die Nähe von Sulzdorf gekommen, als der Truchseß ihn angriff. Auch hier entfesselte der Ansturm der Reiterei, der sich bei dem ebenen Gelände auswirken konnte, eine wilde Flucht. Die Bauern ließen ihre zweiundzwanzig Geschütze im Stich, und mehr als fünftausend Bauern wurden auf der Flucht erschlagen. Nur die retteten sich, die sich in ein Gehölz verkrochen hatten. „Etliche Bauern waren gen Ingolstadt in die Kirche geflohen, auch zum Teil bis unter das Dach gekommen, wo sie die Ziegel abbrachen und nach den Feinden warfen. Aber es war vergebens, denn sie wurden alle erstochen, und auch diejenigen, die in die Kirche geflohen waren, nicht verschont." Das Schloß Ingolstadt hatten die Bauern zuvor ausgebrannt, so daß allein die Mauern standen. Dahin hatten sich mehrere hundert Bauern geflüchtet, die erst beim zweiten Sturm überwältigt und bis zum letzten Mann niedergemacht wurden.

Damit war das Geschick Würzburgs entschieden, und die Radikalen um Hans Bermeter waren stille geworden. Schon am 5. Juni lagerte der Truchseß mit den Pfälzischen in Heidingsfeld bei Würzburg, und am darauffolgenden Tage gab der Truchseß die Bedingungen an die Abgeordneten Würzburgs bekannt: Brandschatzung, Hausgeld, Auslieferung der Waffen und Anführer und erneute Huldigung. Die Würzburger nahmen diese Bedingungen an, und am 8. Juni vollzog sich in der Stadt das Strafgericht. An drei Stellen hatten die Bürger sich einzufinden, die Würzburger auf dem Markt, die Bürger der Landstädte auf dem Judenplatz und die Bauern auf dem Rennweg. Dann wurden ihnen die Artikel verlesen und nicht weniger als hundertfünfzehn Menschen geköpft, darunter auch der Bauernführer Jakob Kohl, vierzig andere, darunter der berühmte Bildhauer Tilmann Riemenschneider, gefänglich eingezogen und erst nach und nach freigelassen. Die Bauern wurden entwaffnet und mit weißen Stäben als Zeichen ihrer Unterwerfung heimgeschickt. Aber gerade deswegen wurden sie unterwegs von den Bündischen überfallen und viele erstochen. Der Bischof hielt noch ein strenges Gericht bis Mitte August und ließ etwa zweihundertsiebzig Menschen köpfen. Er legte zudem ein Fähnlein Fußknechte in die Stadt, das sich sehr ungebührlich aufführte. „Diese Knechte waren in der Stadt und in der Bürger Häuser gelegt, so sich etliche von ihnen wiederum empören sollten, sie damit zu stillen. Nun war der Sold gewiß und der Wein sehr gut, so tat ihnen das Müßiggehen auch belieben. Darum fingen sie an, allenthalben großen Mutwillen und Unzucht zu treiben. Und mußten sich die Bürger schmiegen und biegen, denn sie wußten, was sie gehandelt hätten;

wurden von den Knechten und anderen, die sie hievor verfolgt hatten, mit schmählichen, höhnischen Worten sehr angezogen. Und luden die Knechte je einer den andern in seine Herberge, schlemmten und praßten, gaben nichts dafür. Und wenn sie des Weins voll waren, was ihre größte Arbeit war, trieben sie ein schändlich Wesen mit Fluchen, Schwören und Gotteslästerung, schlugen die Öfen und Fenster ein. Auch trieben sie und ihr Troß ihre Unzucht mit ihren Weibern, Anhang und Dirnen in den Herbergen, öffentlich und unverschämt, scheuten sich vor niemandem, weder Jungfrauen, Kindern, Frauen noch Männern, und durften die Bürger nicht klagen. Wiewohl etliche von ihnen bei dem Hauptmann und anderen Gewaltigen durch Geld zuwege brachten, daß eine Zeitlang niemand zu ihnen gelegt, so wurden doch diese, sobald sie aufhörten zu geben, nicht verschont, sondern mußten von neuem geben oder dieser Last in ihrem Hause auch gewärtig sein." Die Bürger waren arm geworden und hatten noch lange unter den Folgen ihrer Empörung zu leiden. Da der eigentliche Kampf aus war, trennte sich der Kurfürst von der Pfalz vom Truchsessen und zog heimwärts. Dieser rückte auf Schweinfurt vor, wo er den Markgrafen Kasimir von Brandenburg traf. Dieser Fürst hatte inzwischen billige Lorbeeren gesammelt. Schon bei Ausbruch der Bewegung hatte er sich stark gewappnet, aber lange Zeit hatte man erwartet, daß er die zwölf Artikel annehmen und christlicher Bruder werden würde. Erst nach der Schlacht bei Königshofen änderte er seine Haltung. Über Uffenheim, wo ihn drei Abgeordnete seiner Stadt Kitzingen um Gnade baten, zog er nach Norden. „Die Gesandten blieben diese Nacht zu Geckenheim und forderten zu sich Herrn Ludwig von Hutten in der Nacht. Der brachte sie dann vor unsern gnädigen Herrn. Da aber die Gesandten von Kitzingen mit Herrn Ludwig von Hutten ins Schloß zu Uffenheim gingen, sagte der Amtmann Eberhard Geyer: ‚Liebe! Kommt ihr, ihr Herren von Kitzingen! Vormals hatte mein Herr viertbalbhundert Junker zu Kitzingen; jetzt hat er viertbalbhundert Bösewichter!' Dagegen sagte Herr Ludwig: ‚Ei, Lieber! Es wäre schade, wenn alle Bösewichter wären. Mein gnädiger Herr hat noch viele Biedermänner in Kitzingen. Oder ist niemand fromm, denn der Amtmann zu Uffenheim allein, der da die Ausbeute von meines Herren Schafen in der Kirche auf dem Altar eingenommen hat?' So kamen sie vor den Fürsten am vierten Pfingsttag, wurden wiederum angenommen, kamen auch gegen Mittag wiederum heim und Herr Ludwig von Hutten mit ihnen. Die Botschaft brachten sie, unser gnädiger Herr wolle sie wiederum zu Gnade und Ungnade annehmen und ihnen allen das Leben zusichern."

Der kalte Empfang, den sie bei Kasimir gefunden hatten, hätte eigentlich die Kitzinger bedenklich stimmen können. Indessen, es kam noch viel schlimmer, als man erwarten konnte. Am 7. Juni war der Markgraf in Kitzingen, die entwaffneten Bürger wurden auf das Rathaus befohlen, wo sie neu huldigten, hundertachtunddreißig Gefangene ins Zeughaus gelegt und eine entsetzliche Strafe an einem großen Teil von ihnen vollzogen. Kasimir hatte ihnen zwar das Leben zugesichert, aber es war noch härter, daß er sechzig von ihnen die Augen ausstechen, vielen anderen den Schwurfinger abhauen ließ. Um das Unglück voll zu machen, wurden die Geblendeten der Stadt verwiesen und der Stadt ein Strafgeld von 15 000 fl. auferlegt. Da die Stadt diese hohe Summe nicht aufbringen konnte, wurde sie auf 13 000 herabgesetzt, wovon bereits 3000 fl. am 18. Juni fällig waren. Durch diese Grausamkeit des Fürsten war der Wohlstand der Stadt auf Jahre hinaus vernichtet, und seine Hartnäckigkeit offenbarte sich auch darin, daß er die der Stadt Verwiesenen nicht wieder in ihre Heimat ließ.

Am 13. Juni vereinigte er sich mit dem Truchseß vor Schweinfurt. Die Stadt ergab sich, und jeder Bürger hatte 10 fl. zu zahlen. Von der einkommenden Summe wurden dem Grafen von Henneberg 5000 fl. gegeben. Alle Abgaben blieben, und zwölf Aufrührer wurden enthauptet. Während der Truchseß von da nach Bamberg zog, um dort den Aufruhr zu stillen, bekam Kasimir den Auftrag, Rothenburg zu unterwerfen. Seit Königshofen war der Mut der Anführer gebrochen, und da man kein Geschütz besaß, wollte man das Bundesheer nicht an die Stadt kommen lassen. Deshalb hatte man, als der Bund noch vor Würzburg lag, Gesandte nach Heidingsfeld geschickt, die aber höhnisch empfangen wurden. Sie kamen gerade zum Einzug in Würzburg und sahen das Strafgericht. Da die Rothenburger an Widerstand nicht denken konnten, mußten sie die strengen Bedingungen Kasimirs annehmen. Sie hatten 5000 fl. Strafgeld zu zahlen und die Aufrührer dem Bund zur Bestrafung zu überantworten. Viele suchten sich durch Flucht zu retten, und in dem Verzeichnis der Häupter des Aufruhrs, das der Stadtrat auf Verlangen Kasimirs bei seinem Einzug am 28. Juni überreichen mußte, wurden dreiundsechzig Bürger genannt. Davon wurden aber nur dreizehn enthauptet, unter denen sich Stephan von Menzingen befand. Die übrigen hatten sich durch Flucht gerettet.

Als der Truchseß in Bamberg ankam, war dort bereits alles geordnet, und so zog er auf Befehl des Bundes Anfang Juli nach Süden, wo sich das Allgäu wieder in Aufruhr befand. Er hatte es halb beruhigt verlassen, aber die unklare Auslegung des Weingartner Vertrags hatte neue Unruhen, vor allem in Memmingen, hervorgerufen.

Die Bauern belagerten Memmingen, zogen sich aber beim Nahen des Truchsessen hinter die Leubas zurück. Die Belagerung von Memmingen mußte zwar aufgegeben werden, aber das Unheil schloß die Bauern fester zusammen. „Herr Georg Truchseß zog an die Leubas am St. Margarethentag (13. Juli) mit fünfzehn gerüsteten Pferden und sechstausend Fußknechten. Desgleichen ist Herr Georg von Frundsberg mit zweitausend Knechten am Freitag zu ihm gekommen. Sie haben ihr Lager zwischen Haldenwang unter Leubas geschlagen. Die Bauern hatten ihr Lager jenseits der Leubas und zu Leubas im Dorf und sind eine große Menge gewesen, etwa zwanzigtausend. Da haben sie auf beiden Seiten zugleich geschossen, desgleichen in deutscher Nation nicht gehört worden ist, desgleichen miteinander gescharmützelt bis Freitagnacht um sieben oder acht Uhr. Da haben sich die genannten Bauern getrennt und sind die ganze Nacht heimlich abgezogen. Nun hatte aber Herr Georg Truchseß und die vom Bund sich endgültig vorgenommen, am nächsten Morgen zu kämpfen. Es sind aber die Bauern zum Teil hinweg gewesen und die andern in aller Flucht. Da ist Herr Georg Truchseß ihnen auf dem Fuß nachgezogen, hat etliche erschlagen und erstochen und das Dorf Leubas zu Pulver verbrannt mit anderen Höfen und Dörfern, die um Leubas lagen. Darnach hat er sein Lager in dem Dorf Durach und in dessen Feldern aufgeschlagen. Inzwischen sind die bündischen Knechte nach Kempten in die Vorstadt gekommen, haben sie angefangen zu plündern und sich unschicklich gehalten, da sie die Stadt stürmen und einnehmen wollten. Da sind aber die zu Kempten, Adel und Priester, in großen Sorgen gewesen, um sich tüchtig zu wehren. Sie haben auch ihre große Büchse, genannt die Närrin, unter das Tor gerichtet. Da sind Gordian Seuter, Altbürgermeister zu Kempten, und N. Freiberger, Bürgermeister zu Überlingen, und Bernhard Göler, pfalzgräfischer Rat, gekommen, alle drei Bundesräte, und haben die Knechte des Bundes durch Verhandlungen hinweggebracht. Da sind sie durch die Vorstadt nach Durach in ihr Lager gezogen ... Darnach haben die von Kempten dem Heer Proviant an Wein, Brot und was sie brauchten, zugehen lassen und haben ihre Stadt aufgetan und jedermann aus- und einreiten und seinen Pfennig verzehren lassen. Damals sind die Bauern in ziemlicher Zahl nach dem Kohlberg gewichen. Da hat Herr Georg Truchseß mit anderen Herren und Hauptleuten zu ihnen geschickt, wenn sie sich auf Gnade und Ungnade ergäben und allen Harnisch und Wehr abgäben, so wolle man sie annehmen; wenn sie aber solches nicht täten, so wolle er weiterrücken, einnehmen und verbrennen, was da sei. Da haben die Bauern sich auf Gnade und Ungnade ergeben und all ihre Harnische und Wehren Herrn Georg Truchseß als dem Hauptmann übergeben. Desgleichen wer nicht dagewesen ist, hat seinem Herrn Harnisch und Wehr übergeben und Herrn Georg Truchseß als dem Hauptmann und anderen Herren geschworen, wieder in den alten Fußtapfen zu stehen und geistlicher und weltlicher Obrigkeit wie zuvor wieder zu tun, desgleichen von jeder Feuerstätte 6 fl. Brandgeld zu geben. Als sie sich in Herrn Georgs Hand auf Gnade und Ungnade gegeben und ihre Wehren abgeliefert hatten, hat Herr Georg etliche Rädelsführer herausgesucht, sie in die Kirche zu Durach gefangengelegt und zum Teil, nämlich achtzehn, auf dem Duracher Berg köpfen lassen. Etwa zwei oder drei sind durch List aus der Kirche entkommen, denen sind die Köpfe am St. Jakobsabend (24. Juli) abgeschlagen worden. Also hat sich der Krieg unter den Bauern an der Leubas erhoben und ist an der Leubas wieder zu Ende gekommen." Unter den enthaupteten Führern befand sich auch Jörg Knopf von Leubas. Damit war im Süden der Aufruhr zu Ende, und der Truchseß suchte um Enthebung nach. Er bezifferte seine Forderungen auf 30 000 fl., gab sich aber mit 5000 zufrieden. Mit dem Rest des Heeres zog Frundsberg nach Salzburg, um dort dem Erzbischof zu helfen. Im Juli hatten sich die Stühlinger und die Hegauer gefügt, und gegen Ende des Jahres war es auch im Klettgau und in der Stadt Waldshut wieder ruhig. Lange noch wurde die Gegend nach Schuldigen abgesucht, von denen viele sich in die Schweiz flüchteten, um der Hinrichtung zu entgehen. Der Druck der Herren war stark, und die Bevölkerung erlebte schwere Zeiten.

Ausklang

O du unbeständiges, verfluchtes Glück, wie schnell hast du alle Sachen umgekehrt und zerrüttet! Es wußten die Untertanen in Franken noch selbst nicht, wie gar wohl ihre Sachen standen, wie sanft sie saßen, was Friede und Unfriede war. Aber du hast sie es zu ihrem großen Schaden und Verderben gelehret! Wie ganz väterlich, treulich und gnädig sind sie von ihrer Obrigkeit zu dem, das sie schuldig waren und billig getan hätten, vermahnt, gewarnt und gebeten worden! Welch große Bürden hätten sie von ihrem Leben, dem ihrer Kinder, ihrer Erben und ihrer Nachkommen in guten Ehren abwenden können! Mit welch besonderem Lob und Nutzen hätten sie sitzen, leben und sterben, wieviel jämmerliches, elendes, erbärmliches Rauben, Brennen, Blutvergießen, Verderben von Land und Leuten und unwiederbringlichen Schaden an Leib und Seele leicht verhüten können!" Aus diesen Worten des Chronisten Lorenz Fries spricht das Urteil der Zeit. Wenn schließlich die Bauern ihre Sache verloren, so lag es daran, daß ihnen die Männer fehlten, die wußten, was sie wollten, daß ihre oft zügellosen Haufen sich von blinder Leidenschaft fortreißen ließen. Sie sahen nur das Nächstliegende, und ihre Aufgabe schien ihnen erfüllt, wenn Klöster und Burgen zerstört waren. Niemals sind allgemeinere Gesichtspunkte bei ihnen maßgebend gewesen. In den unwichtigsten Dingen fragten sie einander um Rat, und aus augenblicklicher Stimmung heraus handelten sie. So mußte die politische Erfahrung der Herren über sie siegen, und die Bauern hatten darunter zu leiden. Mehr als tausend Schlösser und Klöster lagen in Asche, Hunderte von Dörfern waren verbrannt und, wenn man den Berichten glauben darf, mehr als hunderttausend Menschen getötet. Grausame Rache nahmen die Fürsten. Im Würzburgischen tötete der Henker in einem Monat dreihundertfünfzig Menschen, auch Markgraf Kasimir ließ mindestens fünfhundert hinrichten und erhob bis 1528 mehr als 100 000 fl. Strafgelder. Der Profoß des Schwäbischen Bundes hat mit eigner Hand zwölfhundert Menschen geköpft, im Gebiete des Schwäbischen Bundes wurden bis Ende 1526 mehr als zehntausend hingerichtet. Die aufrührerischen Ortschaften wurden entwaffnet und hatten für jedes Haus 3—12 fl. Strafgelder zu zahlen. Auch die Unbeteiligten mußten sie tragen und die Reichen für die Armen eintreten. Nur wenige Fürsten zeigten mildere Gesinnung. So entsprang in den seltensten Fällen aus der Bewegung eine Besserung der Lage. Mit voller Absicht gewährten die Herren keine Erleichterung, um jeden Aufruhr für später zu bannen. Die alten Urkunden über die Leistungen der Untertanen waren vernichtet, und in den neuen wurden sie gesteigert. Auch die alten Übel dauerten weiter fort, der Fürkauf, die Monopole, die großen Handelsgesellschaften. Die Preise für Kleidung und Nahrung stiegen, während der Tagelohn um die Hälfte zurückging. Schon wenige Jahre später entwirft Sebastian Münster ein Bild von der düsteren Lage des Bauernstandes: „Der vierte Stand ist der der Menschen auf dem Feld, sie sitzen in den Dörfern, Höfen und Weilern und werden genannt Bauern, weil sie das Feld bauen und zu der Frucht bereiten. Die führen gar ein schlecht und niederträchtig Leben. Es ist ein jeder von dem andern abgeschieden und lebt für sich selbst mit seinem Gesind und Vieh. Ihre Häuser sind schlechte Häuser, von Kot und Holz gemacht, auf das Erdreich gesetzt und mit Stroh gedeckt. Ihre Speise ist schwarzes Roggenbrot, Haferbrei oder gekochte Erbsen und Linsen. Wasser und Molken ist fast ihr Trank. Eine Zwilchjoppe, zwei Bundschuhe und ein Filzhut ist ihre Kleidung. Diese Leute haben nimmer Ruh; früh und spät hängen sie der Arbeit an. Sie tragen in die nächsten Städte zu verkaufen, was sie an Nutzung gewinnen auf dem Feld und von dem Vieh, und kaufen dagegen ein, was sie brauchen. Denn sie haben keine oder gar wenig Handwerksleute bei sich sitzen. Ihren Herren müssen sie oft durch das Jahr dienen, das Feld bauen, säen, die Frucht abschneiden und in die Scheuer führen, Holz hauen und Gräben machen. Da ist nichts, was das arme Volk nicht tun muß und ohne Verlust nicht aufschieben darf."

Auch Luther billigte das Eingreifen der Obrigkeit, denn sie sollte sich dem gewaltsamen Umsturz entgegenstellen. Noch lange zwar blieb die Erregung der Massen, und oft fürchtete die Obrigkeit eine neue Erhebung. Indessen mit dem Jahre 1525 war die Entscheidung gefallen. Luthertum und Obrigkeit rückten einander nahe. Das Bauerntum selbst hatte nichts gewonnen, aber die Aussicht auf eine volkstümliche Kirche war endgültig dahin. Doch das Schlimmste war, daß tiefe Hoffnungslosigkeit die Besiegten erfüllte, daß ihnen der Glaube an eine bessere Zukunft für lange geraubt war, daß Zweifel an der göttlichen Weltordnung auftauchten. Zum letzten Male hatte der Bauer versucht, sich seine Stellung im Staate zu erringen. Da es ihm mißglückt war, sank er immer tiefer und ward zum verachteten Arbeitstier der Nation, aus welcher Stellung ihn erst das neunzehnte Jahrhundert befreite. Lange konnte das spottende Wort über ihn gelten: „Der Bauer dient an Ochsen Statt, nur daß er keine Hörner hat."

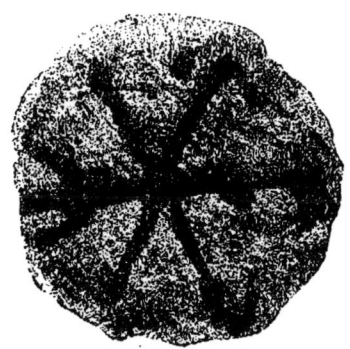

Siegel der aufständischen Bauern. 1525
Original in Würzburg

Literatur

Die Literatur über den Bauernkrieg ist wie Sand am Meer, und außerdem überwiegt in ihr das örtliche Interesse das allgemeine. Hier kann es nur darauf ankommen, die wichtigsten Erscheinungen herauszuheben.

Quellen

P. Harer, Eigentliche wahrhafftige Beschreibung des Bawerenkriegs. 1625.
Lorenz Fries, Die Geschichte des Bauernkriegs in Ostfranken, herausgeg. von A. Schäffler und Th. Henner. 1876—1883.
Bibl. des Lit. Vereins zu Stuttgart, 129., 139. Bd. 1870 bis 1878. Mit zahlreichen Quellen für Schwaben und Franken.
(Ph. Melanchthon): Die Historie Thomas Müntzers des Anfengers der Döringischen Ufrur. 1526.
F. L. Baumann, Akten zur Geschichte des Bauernkriegs. 1881.
H. Böhmer, Urkunden zur Geschichte des Bauernkriegs und der Wiedertäufer. 1910.

Zusammenfassende Quellensammlungen

Hermann Barge, Der deutsche Bauernkrieg in zeitgenössischen Quellenzeugnissen. 2 Hefte. o. J.
Otto H. Brandt, Der große Bauernkrieg. 1925.
Günther Franz, Der deutsche Bauernkrieg 1525. o. J.

Darstellungen

Albert Rosenkranz, Der Bundschuh, die Erhebungen des südwestdeutschen Bauernstandes 1493 bis 1517. 2 Bde. 1927. Grundlegend.
W. Zimmermann, Allgemeine Geschichte des großen Bauernkriegs. 3 Bde. 1841—1843. Das umfassendste Werk, aber vielfach Legende.
W. Stolze, Der deutsche Bauernkrieg. 1908. Dringt tief in die Probleme ein.
H. Hantsch, Der deutsche Bauernkrieg. 1925. Gute Zusammenfassung.
W. Stolze, Bauernkrieg und Reformation. 1926.
J. Zimmermann, Thomas Münzer. o. J.
L. G. Walter: Thomas Munzer et les luttes sociales à l'époque de la Réforme. 1927.